Schwupps,
wir sind dann mal hier drin

Pflanzen erzählen Magisches &
Kulinarisches

Heike Rosa Maria Gaudenti

Schwupps, wir sind dann mal hier drin
Kräuter erzählen Magisches und Kulinarisches

Autorin: Heike Rosa Maria Gaudenti
                                heiroma@gmx.net · www.heiroma-gaudenti.de
                                ISBN 978-3-00-043586-7
                                Preis: 14,80 €

                                5. Auflage 2016
                                © Erstausgabe 2013

Buch-Illustrationen: Rita Ballsieper
Coverbild: Carmen Benner www.carmen-benner.de
Covergestaltung: Birgit Letsch, Nadine Wisser
Lektorat: Birgit Herbst
Layout/Satz: Birgit Letsch, Aggy Stähler
Druck: www.online-druck.biz
                                Frick Kreativbüro & Onlinedruckerei e.K.

Einleitung

In diesem Buch ergreift eine Auswahl an Wildpflanzen „fabelhaft" das Wort. Sie beschreiben sich selbst auf besondere, persönliche und manchmal auch ironische Art und Weise. Oft verkanntes „Unkraut" verteidigt seine Daseinsberechtigung und anerkannte Heilkräuter betonen ihre Vorzüge. Kombiniert ist dies mit kleinen Ausflügen in die Welt der Magie und des Sagenhaften.

Jedes Pflanzenportrait beginnt mit einer Zeichnung, gefolgt von intimen, augenzwinkernden Geständnissen, die uns Menschen so manches Mal den Spiegel vorhalten. Im Anschluss erfährt der Leser, wann und wo er besagte Pflanzen finden, ernten und verarbeiten kann. Kulinarisch abgerundet wird jedes Portrait durch vielseitige und köstliche Rezepte.

Dieses Buch wendet sich an alle, für die Brennnessel und Co. kein Unkraut sind und denen es Freude bereitet, die Verwendbarkeit von Pflanzen und das Leben allgemein einmal aus einer anderen Perspektive zu betrachten, mit Humor.

Jedem Monat des Jahres werden vier Pflanzen zugeordnet. Dem vorangestellt ist jeweils ein Monatsblatt mit geistigen und körperlichen Übungen, die der Energie des Monats entsprechen. Die Pflanzenzuordnung folgt nicht den strengen Richtlinien der Blüte- oder Erntezeit, sondern vielmehr dem, was die Pflanzen der Autorin zugeflüstert haben.

4

Vorwort

Es gibt mehr Dinge zwischen Himmel und Erde,
als eure Schulweisheit sich erträumen lässt.
William Shakespeare, Hamlet

Auf unserem Planeten, in der menschlichen Geschichte und Entwicklung, gibt es etliche Theorien, vermeintliche Grundwahrheiten, Glaubensrichtungen und wissenschaftliche Erkenntnisse, die im Laufe der letzten Jahrhunderte entdeckt und ebenso häufig wieder verworfen wurden. Vieles wurde bewiesen und schließlich widerlegt.

In diesem Zusammenhang wird beispielsweise immer wieder gerne spekuliert, ob Jesus wirklich als Sohn Gottes gelebt hat oder ob er lediglich ein charismatischer junger Revolutionär mit rhetorischem Talent war. Oder auch: Kann eine homöopathische Potenz im Verhältnis 1:500 oder gar 1:1000 Heilung bewirken oder findet diese lediglich auf Grund eines Placebo-Effekts statt? Sind Menschen, die sehr naturverbunden leben und die Auffassung vertreten, Natur- und Umweltkatastrophen könnten auch eine Reaktion der Wind-, Wasser-, Erd- und Feuergeister sein, verrückt, naiv oder hellsichtig? Diese Aufzählung ließe sich endlos weiterführen.

Vieles aus früherer Zeit wird in die Moderne übernommen, wenn es durch ausreichende wissenschaftliche Untersuchungen salonfähig gemacht worden ist. Man betrachte hier nur Pflanzenheilkunde, Aromatherapie, Akupunktur, Meditation oder Wasseranwendungen nach Pfarrer Kneipp, um nur einige wenige zu nennen.

Dieses Buch basiert auf der Überzeugung, dass der Mensch untrennbar mit der Natur verbunden ist. Alles, was uns umgibt und wächst, was wir selbst erschaffen und bauen, die Umwelt, in der wir wohnen, die Meere, die wir befahren, die Luft, die wir atmen – all das steht mit uns in Verbindung. Und all das trägt eine eigene Kraft oder Energie in sich und strahlt sie aus. Teile dieser Energien sind übertragbar, wie in diesem Buch am Beispiel der Pflanzen gezeigt werden soll.

Ein kleines alltägliches Beispiel mag dies verdeutlichen. Gute Laune ist bekanntlich ansteckend. Die gute Stimmung eines Einzelnen, sein Lachen, sein Humor, seine ganze Ausstrahlung, all das Positive, das er aussendet, hat uns angesteckt und wir fühlen uns unbeschwert und locker, Grübeleien gehören für diesen Moment der Vergangenheit an. Ebenso wie man sich bei einem Konzert von der Gesamtstimmung des Publikums, der Energie der Masse mitreißen lässt und laut mitsingt und Zugabe brüllt, während die gleiche Musik zu Hause aus der Anlage zwar nett klingt, aber niemals eine solche Begeisterung in uns auslösen wird. In diesem Fall hat sich der Betreffende von der Energie, der Kraft der Masse anstecken lassen.

Ein solches Phänomen kann man auch in der Natur beobachten. Die ersten warmen Sonnenstrahlen nach grauen, kalten Tagen lassen uns lächeln, die Welt ist wieder schön und die trübe, antriebslose Stimmung wie weggeblasen. Etwas an sich völlig Neutrales – die Strahlen der Sonne – hat dies ausgelöst. Die Sonne hat ihre Wärme und ihre Helligkeit auf den Menschen übertragen. Sie tut dies nicht willentlich, wir sind lediglich bereit, diese Energie in uns aufzunehmen und die angenehmen Begleiterscheinungen zuzulassen. Ähnliches gilt für sogenannte Heilkräuter. In ihnen sind Unmengen von Informationen, Kräften, ätherischen Ölen und anderen Dingen enthalten, die wir ebenso annehmen können wie die wärmenden Strahlen der Sonne. Und genauso verhält es sich auch mit Bäumen, Steinen, Plätzen, ja selbst mit Städten, Gewässern und Gegenständen:

Sie alle enthalten eine ganz eigene Kraft und gespeicherte Informationen. Diese stammen sowohl aus den Erfahrungen, die sie in ihrem Hiersein gemacht haben, als auch aus der zuweilen sehr alten Geschichte ihrer Vorfahren, vergleichbar mit der Familiengeschichte oder dem Stammbaum bei uns Menschen. Außer ihrer ureigenen Energie besitzen einige eine, manchmal auch nach außen hin spürbare, übergeordnete Kraft. Von diesen Pflanzen, Orten oder Plätzen sagt man dann gerne, dass sie besonders magisch wirken. Wer schon einmal unter einer sehr alten Eiche gelegen hat oder die spiegelglatte Fläche eines stillen Sees erleben durfte, in dem sich das Licht des Vollmonds spiegelt, weiß, was damit gemeint ist. Diese Kräfte und Kraftorte kann sich der Mensch zunutze machen, sofern er sich darauf einlässt.

Und wer denkt: Oh, schon wieder so ein esoterischer Kram, der kann dieses Buch gern wieder zuklappen oder aber kurz darüber nachdenken, ob er sich nicht schon einmal mit einem bunten Blumenstrauß den Frühling ins Haus geholt, mit ätherischen Ölen eine Erkältung vertrieben oder durch die fixe Idee „Bei mir läuft immer alles schief" genau das erreicht hat. All dies sind Beispiele dafür, dass Energieübertragung funktioniert, ob man nun daran glaubt oder nicht. Am einfachsten nähert man sich dem Thema – und damit auch diesem Buch –, indem man sich spielerisch darauf einlässt. Ein wenig Selbstironie und Humor können nicht schaden, wenn man sich anhört, was die Pflanzen zu sagen haben. Denn durch ihre Informanten (die nicht alle namentlich genannt werden wollen) und durch eigene Beobachtung haben sie einen ziemlich klaren Blick auf uns Menschen entwickelt.

Also dann, lassen Sie sich spielerisch und mit Humor auf die folgenden Seiten ein. Ich wünsche Ihnen viel Freude dabei.

Heike Rosa Maria Gaudenti

Hinweis:

Die überlieferten Wirkungsweisen und Anwendungsgebiete der einzelnen Pflanzen sind lediglich in kurzen Auszügen beschrieben, das Buch erhebt hier keinen Anspruch auf Vollständigkeit, und der ungeübte Kräutersuchende sollte sich das gewünschte Kraut im Zweifelsfalle besser in gut sortierten Gärtnereien oder Apotheken besorgen.

Inhalt

Januar

Schlafende Natur – Rückzug – Besinnung – in sich gekehrt sein
verborgene Ruhe – klar – kalt – zentriert – verborgene Schätze
leben aus den inneren Vorräten

 Beinwell • Efeu • Schlehe • Wurmfarn

෬ Mentalübung

Der Januar ist meist kalt und klar. Noch ruht sich die Natur aus, Tiere leben von
den vergrabenen Vorräten oder verschlafen diese Zeit. Der Neujahrstag ist gut geeignet, um folgenden Überlegungen Zeit und Raum zu geben, idealerweise alleine
bei einem Spaziergang in der Natur.

- Wie ist es um meine Reserven bestellt?
- Nehme ich mir Zeit, um Kräfte zu sammeln?
- Welche verborgenen Schätze schlummern in mir und wollen gehoben wer-
  den?

෬ Körperübung „Päckchen der Erholung"
oder „Schlafendes Kind"

Sich hinknien, auf die Versen setzen, den Oberkörper langsam nach vorne beugen,
bis die Stirn den Boden berührt; die Arme werden seitlich, neben den Beinen nach
hinten gelegt. Die Handflächen zeigen nach oben. Nun langsam und tief einatmen.
Bei der Ausatmung ganz bewusst den Körper lockern, als fließe mit dem Atem alle
Anspannung hinaus. Diese Übung entspannt nicht nur die Wirbelsäule, sondern
sorgt auch für wohlige Ruhe in Körper und Geist.

Efeu
(Hedara helix)

S tellt euch vor, manche behaupten tatsächlich, ich sei ein Parasit. Das können sie gerne tun – mir ist das völlig gleichgültig. Für mich zählt nur das Überleben und zwar um jeden Preis! Wer kann schon von sich behaupten, so große Lebensräume wie ich in Anspruch zu nehmen? Dank meiner raumgreifenden Art verbreite ich mich in alle Richtungen, und das in erstaunlichem Tempo.

Viele halten mich für brutal, da ich in meinem Ausdehnungsdrang auch Bäumen ihre Lebenssäfte aussauge und dadurch erwürge. Na und? Jeder kämpft mit den Mitteln ums Überleben, die die Natur ihm mit auf den Weg gegeben hat. Geht ihr Menschen da etwa anders vor? Genau! Wir wollen jetzt gar nicht von eurer Unart anfangen, Kontinente zu erobern oder all die Tier- und Pflanzenarten aufzählen, die durch euer Zutun vom Erdboden verschwunden sind. Wir haben uns auf diesen Buchseiten aus anderen Gründen zusammengefunden, und ihr wollt euch von dem gemeinen Efeu ja keine Moralpredigt anhören, sondern wirklich Interessantes über mich erfahren.

Ich sage euch: Nutzt meine unglaubliche Kraft zu schlingen, zu binden und zu klammern, wann immer ihr diese im Leben benötigt. Ich liebe den Schatten und das Dunkle – eine Eigenschaft, die euch dabei helfen kann, verdrängte Probleme zu bewältigen. Kaum eine andere Pflanze ist dafür besser geeignet als ich! Dabei kann es allerdings auch zu bestimmten Nebenwirkungen kommen, denn meine bindende Kraft ist im wahrsten Sinne des Wortes einmalig.

So kann ich nicht nur die von euch erwünschten positiven, sondern auch die negativen Energien festhalten, die sich bei euch eingenistet haben. Der Liebhaber, den du beispielsweise mit meiner Hilfe und ein wenig Magie an dich gebunden hast, könnte sich plötzlich als extrem anhänglich entpuppen. Was, wenn er sich nach gewisser Zeit zu einem richtigen Ekelpaket entwickelt hat und du ihn nun nicht mehr loswirst? Dann guckst du dumm aus der Wäsche und ich lach mir eins in mein Efeublatt. Drum seid immer schön vorsichtig mit den Dingen, die ihr euch wünscht.

In der Menschenwelt sagt man, dass im eigenen Umfeld genau die Pflanzen gedeihen, die benötigt werden. Wächst um euer Haus viel Efeu, solltet ihr vielleicht einmal darüber nachdenken, ob ich benötigt werde, um körperliche Beschwerden zu lindern, das kann ich nämlich echt gut. Oder ob es im eigenen Umfeld vielleicht zu viele Energievampire gibt. Ich kann ja auch ein Energieräuber sein und, im übertragenen Sinne, als Spiegel dienen. Energieräuber sind nicht immer leicht zu erkennen. Oft kommen sie als gut getarnte

Komplimenteverteiler daher: „Meine Liebe, du bist so gut darin, Einladungen zu schreiben, dein handwerkliches Geschick ist unübertroffen, wenn du mir doch mal eben helfen könntest, dir geht die Büroarbeit immer so leicht von der Hand, da macht es dir doch nichts aus......." Und ehe du dich versiehst, ist dein Akku leer. Die offensiven Energieräuber erkennt man wenigstens direkt. Man kann sich zwar nicht immer gegen sie wehren, hat so aber wenigstens ein Feindbild, über das man sich dann herrlich aufregen kann: Der Vorgesetzte, der ganz selbstverständlich unbezahlte Überstunden erwartet, die Kinder, die Hotel Mama bis zum Sankt Nimmerleinstag ausnutzen oder das Finanzamt, dem es völlig schnurz ist, ob das Geld für die Steuernachzahlung gerade von einem kaputten Auto aufgefressen wurde.

Durch mich könnt ihr Sachen an euch binden, die sich ansonsten viel zu schnell verflüchtigen, etwa Geld, Glück, Humor und Fantasie, das Lachen und die Herzlichkeit. Doch wer will schon sein ödes und langweiliges Leben, in dem man sich doch so gut auskennt, tauschen gegen ein Leben voller Ungewissheit, voller Lachanfälle, gegen neue Freunde, einen Job, der zu einem passt und nicht nur das Image befriedigt, und vielleicht einen Partner, mit dem man Liebe und Leidenschaft wirklich ausleben kann? Klingt auch wirklich zu gruselig. Bleibt mal lieber schön da, wo ihr seid, und benutzt mich lediglich zu Dekorationszwecken, das ist viel sicherer.

⊗ Man nennt mich auch
Adamsblätter, Mauerteppich, Wintergrün, Ewigtreu, Hühneraugenkraut, Totenranke

⊗ Wann und Wo
Efeu ist sehr verbreitet und das ganze Jahr überall dort zu finden, wo der Boden leicht feucht ist.

❧ Ernten und Verarbeiten

Die Blätter können vom Frühjahr bis zum Frühsommer geerntet werden. Allerdings ist von einer innerlichen Anwendung abzuraten, da eine genaue Dosierung schlecht möglich ist (Vergiftungsgefahr!). Es gibt sehr gute Efeu-Präparate als Tinkturen oder Hustensäfte in Apotheken zu kaufen. Dem Efeu wird eine krampf- und schleimlösende Wirkung nachgesagt.

❧ Anwendungsbeispiele

Ob als Körperöl für eine schönere Haut, als Hühneraugenschreck oder auch sogar zum Orakeln – es ist erstaunlich, was man mit dieser Pflanze so alles machen kann.

❧ Für die Gesunderhaltung

Hühneraugenschreck: Man befestigt ein kleingefaltetes Efeublatt mit Hilfe eines Pflasters auf dem Hühnerauge und belässt es dort für 24 Stunden. Dies wiederholt man zweimal. Danach ist das Hühnerauge so verschreckt, dass es sich leicht ablösen lässt.

❧ Magie

Zu Silvester legt jeder, der an dem Orakelspiel teilnehmen möchte, ein Efeublatt in eine Schale mit Wasser. Eine kleine Markierung des Blattes hilft, es später wiederzuerkennen. Am nächsten Morgen wird nachgeschaut: Blätter, die sich dunkel verfärbt haben oder auf den Grund gesunken sind, bedeuten Schwierigkeiten und Herausforderungen für das kommende Jahr. Wem soll man nun gratulieren? Dem, der ein leichtes und vielleicht langweiliges Jahr vor sich hat, oder dem, der durch eventuelle Prüfungen des Lebens die Möglichkeit bekommt zu reifen und zu wachsen?

Beinwell
(Symphytum officinale)

D arf ich mich vorstellen? Beinwell mein Name. Ich gehöre nicht zu der Sorte Pflanzen, die die Welt vereinnahmen und erobern möchten, wie etwa der gemeine Riesenbärenklau oder das Efeu, das mit seinem Würgegriff jeden Raum in Besitz nimmt, ohne Rücksicht auf Verluste. Ich bin anders, ich liebe viel Ruhe und viel Feuchtigkeit. Die ganze Welt erobern – wozu? Es ist doch viel schöner, einmalig und begehrt zu sein, weil man mich nicht an jeder Ecke findet.

Ich wachse gern an kleinen Gewässern, wo es Nässe und Schatten gibt, damit sich meine fleischigen großen Blätter und meine hübschen Blüten in aller Pracht entfalten können. Aber glaubt nicht, dass ich durch mein auffälliges Aussehen schon alles über mich verrate, denn der größte Teil meiner Kraft und mein gesamter Lebenswille befinden sich gut versteckt in meinen Wurzeln. Ich denke, es ist an der Zeit, euch ein wenig über die Wirkungsweise von uns Pflanzen, besser gesagt unserer einzelnen Teile zu erzählen. Es gibt unter euch Menschen einige, die eine einfache Regel anwenden: Was von uns überirdisch genutzt wird, ist meist auch für das Offensichtliche zuständig, gewissermaßen ein Spiegel für die sichtbaren Dinge. Und umgekehrt sind die Pflanzen, von denen zumeist die unterirdischen Teile verwendet werden, gut, um Symptome zu behandeln, die im Verborgenen liegen.

Und so ist es auch bei mir. Tief unten in der Erde, in ewiger Dunkelheit, lebt meine Pflanzenseele. Und sie weiß, was es bedeutet, die Geheimnisse der Unterwelt zu hüten. In jedem von uns, in meinen Pflanzenverwandten und in den Tieren steckt eine Seele. Ja, schaut nicht so ungläubig. Ihr glaubt, eine Seele sei allein den Menschen vorbehalten? Da irrt ihr euch aber gewaltig. Wir mögen ja nicht auf zwei Beinen gehen können und den Lauf der Welt verändern, und wir haben auch nicht das Rad erfunden (Welch ein Glück!). Aber es bleibt uns nicht verborgen, was ihr dank dieser Privilegien mit unserer Welt so alles angestellt habt. Für uns Pflanzen und auch für die Tiere überwiegt dabei leider das, was uns und infolgedessen natürlich auch euch selbst mehr schadet als nützt. Schneller, höher, größer, weiter … ihr solltet nicht immer neue Technologien entwickeln, um das Maximum aus allem herauszuholen. Ihr schafft im Außen wirklich Unglaubliches, aber euer Inneres bleibt dabei oftmals leer. Ihr könnt wirklich Großes erreichen, und dies könnte allen zugutekommen, wenn ihr den Weg der inneren Entwicklung geht. Horcht in euch hinein und erkennt, worauf es wirklich ankommt. Eure Möglichkeiten sind so vielfältig, ihr solltet sie nur richtig und zum Wohle aller einsetzen.

Aber was mache ich denn hier schon wieder? Ich habe mir doch fest vorgenommen, mich nicht mehr aufzuregen, und die Missionierungsnummer wollte ich auch nicht mehr bringen. Wahrscheinlich ist es besser, ich lasse mir noch einmal einen Termin bei meiner „Therapie-Eule" geben. Sie sagt, ich mache schon Fortschritte, denn ich lamentiere nicht mehr stundenlang und halte allen Pflanzen in der Nachbarschaft Vorträge. Ich rege mich nur noch auf, wenn sich ein Mensch in meine Nähe verirrt und dann Bemerkungen loslässt wie: „Oh, hier ist ja alles voller Unkraut! Also da kann man nicht durchgehen, da sollte man mal den Weg frei machen." Verdammt noch mal, das nennt man die freie Natur! Wir sind WILD-KRÄUTER und haben ein Recht hier zu wachsen, latsch doch mit deinen Birkenstocksandalen woanders her, wenn du Löwenzahn noch nicht mal von der Butterblume unterscheiden kannst, du, du „MENSCH", du!

Ich glaube, genau jetzt ist der Zeitpunkt gekommen für ein Gespräch mit meiner Therapie-Eule.

❧ Man nennt mich auch
Beinheil, Beinwurz, Bienenkraut, Comfrey, Hasenbrot, Honigblum, Kuchenkraut, Schwarzwurz, Himmelsbrot

❧ Wann und Wo
Von Mai bis September findet man den Beinwell auf feuchten Wiesen, Auen, an Waldrändern und Uferböschungen.

❧ Ernten und Verarbeiten
Der Herbst oder das zeitige Frühjahr vor der Blüte eignen sich am besten, um die Wurzeln zu ernten. Dies gelingt mit einer spitzen Schaufel, da der Beinwell Pfahlwurzeln hat. Sie können dann getrocknet oder frisch zu Salben und Tinkturen verarbeitet werden. Die

Blätter erntet man vor und während der Blüte. Sie werden meist äußerlich angewendet, als Breiauflagen oder sparsam in der Küche.

℺ Anwendungsbeispiele

Wegen ihrer entzündungshemmenden Wirkung wird die Wurzel des Beinwell gerne zur Behandlung von Akne verwendet. Die Pflanze ist wundheilend und Tinkturen aus ihrem Kraut wirken angeblich Wunder bei Rheuma und anderen Gelenkbeschwerden.

℺ Für die Gesunderhaltung

Wer die Möglichkeit hat, wild wachsenden Beinwell zu pflücken, kann sich zur Linderung der oben genannten Beschwerden schnell wirksame Umschläge machen. Dazu werden frische Beinwellblätter zwischen Klarsichtfolien gelegt und kurz mit einem Nudelholz gewalkt. Die Blätter anschließend auf ein dünnes Baumwolltuch geben, darin einschlagen und auf die betroffene Stelle legen.

℺ Für den Genuss

Hildegard von Bingen empfahl einen Kuchen, in dem neben Mehl auch Honig und Beinwellblätter enthalten waren. Vom Verzehr größerer Mengen Beinwellblätter oder Tee wird heute allerdings abgeraten, da Beinwell ein Alkaloid enthält, das in hoher Konzentration leberschädigend sein soll. Aus diesem Grund gibt es an dieser Stelle kein Kuchenrezept.

℺ Magie

In der Magie wird die Beinwellwurzel sehr oft für den Geldzauber verwendet. Auf Reisen soll Beinwell für Sicherheit sorgen, im Koffer versteckt verhindert er, dass dieser verloren geht oder gestohlen wird – es sei denn, man steigt auf Gleis Neundreiviertel ein.

Schlehe
(Prunus spinosa)

*I*ch bin der Strauch, den ein jeder schon gesehen hat, aber viele erst in einem meiner verschiedenen Entwicklungsstadien erkennen. Da gibt es diejenigen unter euch, die genau wissen, dass ich eine Schlehe bin, wenn ich mich im Frühling mit vielen kleinen weißen Blüten schmücke. Für andere bin ich als Schlehenstrauch erst erkennbar, wenn meine kleinen kugelrunden, dunklen und bitteren Früchte am Ast hängen; und wieder andere wissen, wen sie vor sich haben, wenn sie im Winter meine langen Stacheln sehen.

Meine Ansprüche an das Leben sind bescheiden. Nur die Dunkelheit vertrage ich schlecht. Daher sucht mich dort, wo genug Licht und Helligkeit herrscht – auf den Feldern, an Straßen- und Wegrändern, an sonnigen Hängen. Ich verbreite mich zwar nicht blitzschnell, aber wenn ich erst einmal einen Bereich erobert habe, sitze ich dort ganz fest.

Einige von euch Menschen sind der Meinung, dass ich mich mit meinen Stacheln sehr gut verteidige, und so ist es wohl auch kein Zufall, dass in der Tiefe meiner dornigen Äste viele verschiedene, zum Teil sehr seltene Kleintier-, Vogel- und Insektenarten Obdach finden und ein unbeschwertes Leben führen. Im Inneren meiner schützenden Stachelarme wird kaum jemand versuchen, ihre Ruhe zu stören!

Im Frühling, wenn ich mein Kleid aus schönen kleinen, weißen Blüten anziehe, bin ich ein sehr attraktives Ziel für viele Insekten, aber auch Elfen und Feen biete ich gerne ein sicheres Zuhause. So schön der Frühling und der Sommer auch sein mögen, ich liebe die klirrende Kälte und genieße die ruhige Jahreszeit. Meine Beeren, die sonst bitter sind, werden nach dem ersten Frost milder.

Meine enorm schützende und verteidigende Kraft könnt auch ihr nutzen, um eure Lebensräume und euch selbst von bösen Geistern und negativen Schwingungen zu befreien. Wie bereits eingangs erwähnt, ist alles untrennbar miteinander verbunden, und alle Energien und Kräfte, die wir in uns haben, sind übertragbar. In mir wohnt die Kraft des Schutzes und der Verteidigung, und wer unter euch aufmerksam genug ist, kann diese für sich nutzen. Allerdings sollte man sich davor hüten, sie zu manipulativen Zwecken einzusetzen, etwa um Geld, Talente oder Fähigkeiten anderer Menschen in seinen Bann zu ziehen und sie dann nur für sich allein zu nutzen. Glaubt mir, das geht garantiert nach hinten los. Ein Gesetz der Natur lautet: Alles, was du tust oder denkst, kehrt siebenfach zu dir zurück, im Guten wie im Schlechten. Also überlege dir genau, ob der siebenfache Geiz dich treffen soll, oder ob du plötzlich einen Partner am Hals haben willst, der eifersüchtiger ist als zehn sizilianische Väter, dir aber erzählt, er wolle dich nur beschützen. Auch auf diese Art kann sich meine schützende Kraft manifestieren. Daher entscheide weise oder lass besser die Finger von mir.

⊂ℛ Man nennt mich auch
Bockbeerli, Dornschleha, Hageldorn, Haferpflaume, Saudorn, Schlaia, Schliehen, Schlingenstrauch, Schwarzdorn

⊂ℛ Wann und Wo
Die vielen kleinen weißen Blüten des bis zu drei Meter hoch wachsenden Strauches blühen von März bis April, die Beeren reifen im Spätherbst. Man findet den Schlehdorn an sonnigen Weg- und Waldrändern in ganz Mitteleuropa. Er ist einer der wichtigsten Wildsträucher und dient vielen Tieren und Insekten als Lebensraum, Nistplatz und Futterpflanze.

⊂ℛ Ernten und Verarbeiten
Die Blüten werden frisch verwendet. Die Bitterkeit der Beeren wird abgemildert, wenn man sie nach dem ersten Frost erntet (zur Not tut es auch ein 24-stündiger Aufenthalt in der Gefriertruhe).

⊂ℛ Anwendungsbeispiele
Die Blüten werden als Tee verwendet, können aber auch als essbare Dekoration auf Obstsalaten dienen. Aus den Beeren lässt sich Mus, Gelee, Schnaps und vieles mehr herstellen. Mus oder Saft werden auch als sanftes Abführmittel bei Kindern und alten Menschen verwendet. Der Saft wirkt außerdem appetitanregend und stärkend.

❧ Für die Gesunderhaltung

Schlehen–Brombeer–Mus
Zu gleichen Teilen Schlehen und Brombeeren mit etwas Wasser weichkochen und durch ein Sieb passieren, anschließend die Masse abmessen und die *gleiche Menge Zucker* unterrühren. Pro Liter Obstmasse *den Saft 1 Zitrone* und *etwas Zimt und Vanille oder Nelke* dazugeben. Alles ca. 20 Minuten leicht köcheln lassen, dann in Gläser abfüllen und verschließen – fertig ist die leckere Vitaminbombe für den Winter.

❧ Für den Genuss

Schlehen Aufgesetzter
Man nehme *750 g Schlehen*, zerdrücke sie und gebe sie mit *300 g weißem Kandis* und *2 Zimtstangen* in ein gut verschließbares Glas. Anschließend alles mit *1 Flasche Wodka* übergießen und bei Zimmertemperatur *6 Wochen* ziehen lassen. Danach abseihen, in Flaschen füllen, noch weitere *4 Wochen reifen* lassen und dann Freunde zu einem kleinen Umtrunk einladen.

Wintergelee
Je *350 ml Schlehen-* und *Brombeersaft* werden mit *1 Kg Gelierzucker 1:1,* der *abgeriebenen Schale* und dem *Saft 1 Orange, 1 Tl Zimt* und *einer Prise Nelken* aufgekocht. Anschließend heiß in Gläser gefüllt, und fertig ist das köstliche Wintergelee. Kleiner Tipp: Falls, aus welchen Gründen auch immer, das Gelee nicht fest werden sollte, eignet es sich noch ganz hervorragend zum Verfeinern von dunklen Wildsoßen.

❧ Magie
Nach alter Überlieferung hängt man die Schlehdornzweige über die Tür, um Unheil, Katastrophen, Dämonen und negative Schwingungen vom Hause fernzuhalten. Um magische Schutz- und Vertreibungsrituale durchzuführen, schneidet man sich einen Zauberstab aus dem Gehölz des Strauches.

Gemeiner Wurmfarn
(Dryopteris filix-mas)

Nun dürft ihr staunen: Ich bin ein lebendes Fossil. Vor vielen Jahrmillionen haben meine Vorfahren die Welt beherrscht, aber heute kann ich von einer Herrschaft über die Welt nur träumen. Wir waren imposant und gigantisch, dagegen sind die Eichen von heute Löwenzahnpflänzchen. Und dann war es plötzlich vorbei. Woran das gelegen hat? Niemand kann sich an den Grund erinnern. Dennoch bin ich stolz darauf, eine der ältesten aller Pflanzen zu sein. Meine Strategie des Überlebens ist so genial wie einfach: Ich habe gelernt, unauffällige, versteckte und schattige Plätze zu bewohnen, wo andere Pflanzen keine Lust und keine Kraft zum Wachsen aufbringen. Zwar lege ich keinen großen Wert auf die äußere Schönheit, aber ich bin doch graziös und elegant mit meinen flügelartigen Blättern. Man hat mich sogar in kunstvollen Sitzmöbeln verewigt. Wenn ihr je in den wunderschönen kleinen Ort Alken an der Mosel kommt, solltet ihr die Burg Thurant besichtigen. Im Burginnenhof, findet ihr in einer verwunschenen kleinen Nische eine wunderschön gearbeitete Sitzgelegenheit. Bank und Stühle sind aus massivem Eisen gefertigt in der Form von Farn. Eine wahre Augenweide.

In meiner langen Geschichte habe ich schon so vieles erlebt und möchte euch das Geheimnis der ewigen Jugend und des ewigen Lebens anvertrauen. Im Laufe der Jahrmillionen, die ich auf diesem Planeten weile, wurde mir so manches Geheimnis anvertraut, aber auch viel Unfug erzählt. Erfahrung und Beobachtungen haben mich gelehrt, das eine vom anderen zu unterscheiden. Wenn ich es mir jedoch recht überlege, ist es klüger euch zuerst von den kleinen Wundern zu erzählen, die ich in der Lage bin zu vollbringen, bevor wir solch große Dinge, wie das ewige Leben angehen. Obwohl ich weiß, dass nicht mehr viele von euch in der Lage sind uns Pflanzen zu verstehen. Also dann gut aufgepasst: Lange Zeit war das Wissen, dass meine Samen unsichtbar machen und zu Reichtum verhelfen können, in Vergessenheit geraten. Erklärend möchte ich noch kurz anmerken, Samen ist in meinem Zusammenhang eigentlich nicht das richtige Wort. Ich besitze Sporen, die unter meinen Blättern an sogenannten Sori, Sporenbehältern sitzen. Man kannte früher keinen anderen Ausdruck als Samen dafür. Aber nun weiter in meiner Geschichte. Also eines Tages brachte ein Mann dies in Erfahrung, ging in den Wald und sammelte welche, um unsichtbar und reich zu werden. Nachdem einige Monate vergangen waren, kehrte der Mann sehr wütend in den Wald zurück und schrie mich an, ich solle meine Zauberkräfte sofort zurücknehmen. Er wollte doch nur für das Finanzamt unsichtbar sein. Das habe ja auch funktioniert, aber seine

Angebetete beachte ihn seit diesem Zeitpunkt auch nicht mehr. Und von wegen Reichtum, das sei ja wohl das Allerletzte. Ja, er habe zwar geerbt, aber was soll er mit riesigen Wiesen anfangen, die unter Naturschutz stehen, weil es darauf alte Walnussbäume gibt? Als Bauland dürfe er es nicht verkaufen, und nun sei er ein Walnuss-millionär mit Nussallergie, der zu allem Übel auch von seiner Liebsten nicht mehr wahrgenommen wird. Also solle ich schleunigst alles wieder rückgängig machen!

Tja, meine Lieben, so geht das natürlich nicht. Erst um Wuncherfüllung betteln und dann rumjammern. Wie gesagt, falls ihr das unsagbare Glück haben solltet, meine Samen zu finden, überlegt euch sehr gut, was ihr euch wünscht, denn Reklamationen nehme ich keine entgegen. Kennt zufällig jemand von euch ein paar Menschen, die Verwendung für Walnüsse haben?

ভ Man nennt mich auch
Bandwurmwurzel, Bischofsstab, Farnkraut, Flöhkraut, Glückshand, Hexenkraut, Hexenleiter, Hurenkraut, Teufelswisch, Waldfarn, Wanzenkraut, Wurmfarn

ভ Wo und Wann
Der Wurmfarn wächst in schattigen Wäldern und auf mäßig feuchten Böden. Er rollt sich zu Beginn des Frühjahrs sehr imposant aus (Bischofsstab) und verbreitet seine Sporen von Juli bis August.

ভ Ernten und Verarbeiten
Farn enthält leicht giftige Bestandteile. Aus diesem Grund sollte man seine Blätter nur nehmen um Schnecken aus seinem Garten zu vertreiben, indem man sie kleinschneidet und um schützenswerte Pflanzen streut.

◌ Anwendungsbeispiele

Farn findet Verwendung als Schneckenschreck, zur Wurmbekämpfung, als Wohn- und Spielstätte für Feen und Zwerge sowie als Teufelsvertreiber. Hildegard von Bingen soll gesagt haben: „Wo Farn wächst, kommt der Teufel nicht und wo der Teufel wohnt, da wächst kein Farn."

Jauche, die aus Farn angesetzt wird, wirkt gegen Blattläuse.

◌ Für die Gesunderhaltung

Farn wird gerne kleingehackt und um Pflanzen herum gelegt, um diese vor Schnecken zu schützen. Früher wurde der Wurmfarn um den „Donnerbalken" herum gepflanzt, damit die Ausbreitung der Hakenwürmer eingedämmt wurde – so gesehen wahrscheinlich das erste biologische Toilettenpapier. Beim Menschen werden Präparate mit Wirkstoffen des Farns gegen Darmparasiten eingesetzt.

◌ Für den Genuss

Welchen Genuss dieses Kraut dem Menschen bietet, ist nicht wirklich erkennbar. Feen und Zwerge allerdings freuen sich sehr, wenn man Farn im Garten pflanzt, da sie sich sehr gerne darunter aufhalten. Wer also Naturgeister in den Garten locken möchte, sollte ihn unbedingt anpflanzen.

◌ Magie

Räucherungen mit Farn helfen, böse Geister auszutreiben. Getrocknete Farnblätter vor die Tür gehängt, halten das Böse fern und schützen den Wohnbereich. Wer auf der Suche nach verborgenen Schätzen und Reichtümern ist, trage immer Farn bei sich, dass soll helfen. Jedoch ist es möglich, dass es gar nicht um äußere, sondern vielmehr um die inneren Schätze geht ...

Februar

Langsames Erwachen – beginnende Unruhe – Kräfte sammeln für den Neubeginn – Sehnsucht nach Licht und Wärme, nach Gesellschaft und Austausch

 Bilsenkraut • Fingerhut • Schierling • Tollkirsche

✿ Körperübung „Sterne vom Himmel holen"

Die Beine schulterbreit auseinander stellen, die Arme nach oben strecken und abwechselnd mit jeder Hand die Sterne vom Himmel pflücken. Erst gerade nach oben recken, dann den Oberkörper leicht nach links beugen und den rechten Arm ebenfalls in diese Richtung strecken. Nun den Oberkörper zur anderen Seite beugen und den linken Arm in diese Richtung strecken. Danach wieder mittig nach oben. Man fühlt sich gleich viel munterer und ist bestimmt auch Nullkommafünf Zentimeter größer als vorher.

✿ Mentalübung „Perpetuum mobile"

Eine Übung, die morgens nach dem Aufwachen ganz hervorragend wirkt. Man bleibt im Bett liegen, atmet ruhig und tief. Vor dem inneren Auge erscheint nun der eigene Körper als eine wunderschöne, wohlgeformte, glänzende, jedoch noch schlafende Maschine, an deren Seite ein verzierter silberner Hebel angebracht ist. Bewegt man den Hebel nach oben, spürt man, wie diese schöne Maschine sofort von lebendiger und kraftvoller Energie durchströmt wird und mit sanften, wohlklingenden Geräuschen zum Leben erwacht. Alles bewegt sich rhythmisch, und man fühlt, wie viel Freude dabei freigesetzt wird, ist munter, wach und voller Elan für einen neuen Tag.

Schwarzes Bilsenkraut
(Hyoscyamus niger)

Seht nur her. Ich bin hübsch anzuschauen mit meinen zahlreichen gelben Blüten, die wie kleine Trichter aussehen und von zarten lila Linien durchzogen sind. Richtige kleine Kunstwerke. Auch meine Samenkapseln sind kleine Wunderwerke, denn wenn sie einmal in den Tiefen der Erde schlafen, behalten sie ihre Keimkraft über Jahrhunderte. Ich besitze also sehr unterschiedliche Eigenschaften: Meine Blüten so filigran, so zart und vergänglich, meine Samen hingegen stark und voll ausdauerndem Lebenswillen. Außer meiner gesamten Erbinformation enthalten sie äußerst giftige Bestandteile in hoher Konzentration. Aus diesem Grund wurde ich von Heilern, Ärzten, Hexen und Abenteuer suchenden Lebenskünstlern zu allen Zeiten geschätzt und gefürchtet. Der Stiel, an dem meine großen Blätter wachsen, ist rau und klebrig. Meine Erscheinung ist so widersprüchlich wie ich selbst. Ich locke durch meine einladenden Blüten und den aromatischen Duft nicht nur Insekten an. Man möchte mich berühren, mitnehmen und zuckt dabei zurück, irritiert durch die Beschaffenheit meines Stängels. Wer meine Samen einmal genossen und das überlebt hat, weiß erst recht nicht mehr, was er von mir halten soll: mich hassen oder lieben, verdammen oder noch einmal probieren?

Ich bin zugleich hübsch und zäh und kann sowohl hilfreich als auch tödlich sein. Zu allen Zeiten hat man mich benutzt, um sich unliebsamer Mitmenschen zu entledigen. Selbst in Shakespeares *Hamlet* bin ich verewigt. Aber nicht nur für den Tod, auch für das Leben werde ich eingesetzt. Wer mich gut genug kennt, kann mit mir vielerlei Krankheiten behandeln und nicht nur körperliche, sondern auch seelische Schmerzen lindern. Außerdem reichen meine Kräfte so weit, dass ich aus harmlosen Gesellen wilde Streithähne und aus keuschen Mädchen liebestolle Frauenzimmer machen kann. Wer mich, auf welche Art und Weise auch immer, konsumiert, wird zuerst die erregende Wirkung spüren. Man fühlt sich aufgekratzt, überschwänglich und quasselt seine armen Mitmenschen wahrscheinlich in Grund und Boden, bekommt dann aber Herzrasen, Sehstörungen und neigt zu Aggressionen. Habt ihr dieses Stadium schadlos überstanden, wird euch ein sehr, sehr tiefer Schlaf in bis dahin unvorstellbar realistische Träume entführen. Narkotisiert kann man diesen Zustand wohl nennen, und genau zu diesem Zwecke hat man mich früher auch verwendet. Vielleicht haltet ihr euch für ein Tier, oder ihr verbringt die erotischsten Stunden, in denen ihr all eure Fantasien auslebt. Ja, all dies kann ich mit euch machen, und es wird euch unglaublich wirklich erscheinen. Erwacht ihr dann wieder und seid nicht an einer Überdosis vom Tief- in den ewigen Schlaf übergegangen, wird euch ein gewaltiger Kater das Leben schwer machen. Auch bin ich Bestandteil der sagenumwobenen Flugsalbe. Darüber kann meine Pflanzenschwester, die Tollkirsche, aber viel mehr erzählen, falls sie das möchte, denn meiner Meinung nach sollten manche Dinge besser nicht bekannt werden.

Die tüchtigen Bierbrauer von früher wussten mit einer meiner Nebenwirkungen, der Trockenheit im Munde und des Rachens, ein gutes Geschäft zu machen und setzten mich dem Gerstensafte zu. Nicht nur der Bierkonsum, auch grobe Handgreiflichkeiten nahmen in erschreckendem Maße zu, so dass die Obrigkeit mit der Einführung eines Reinheitsgebots Zusätze wie mich verbieten wollte. Manches Schlitzohr hat meine Wirkung sogar harmlose Tieren spüren lassen. Und zu welchem Zweck? Um die armen Viecher anschließend in der Pfanne zu braten. Hühner und anderes Federvieh, selbst Fische werden durch mich völlig verrückt und lassen sich ganz einfach einfangen.

Und wenn du glaubst, trotz aller Warnungen meinen Dampf inhalieren zu müssen, mich als Tee genießt, in Zigaretten eindrehst oder in Wein aufkochst, sei dir gewiss, dass ich garantiert kein Mitleid mit dir haben werde, wenn du dich dann auf dem Boden krümmst, dein Herz in der Brust schier explodieren will, die Haut am Körper zu verbrennen scheint und du nach Mama und Papa weinst. Du kannst sogar in der Klapsmühle landen, wenn du auf einem meiner gigantischen Trips hängengeblieben bist und durch die Straßen rennst, dich für einen wilden Eber hältst, oder von einem Hochhaus stürzen willst, weil du überzeugt bist, fliegen zu können. Nein, ich werde kein Mitleid haben, denn ich habe dich gewarnt.

So nun weißt du, dass ich nicht ganz so harmlos bin wie ich erscheine, also lass mich besser stehen, falls du mich wirklich einmal zu Gesicht bekommst. Bewundern darfst du mich natürlich gerne.

◌ Man nennt mich auch

Raasewurz, Binselkraut, Tollkraut, Zankkraut, Hühnertod, Zigeuner-kraut, Schlafkraut

◌ Wann und Wo

Das ein- bis zweijährige, selten gewordene Kraut kann 30 bis 60 cm hoch werden und hat wunderschöne, glockige gelbe Blüten mit vio-lettem Schlund, deren Samenkapseln jeweils bis zu 200 nierenför-mige Samen in sich tragen. Bilsenkraut blüht von Juni bis Oktober, am liebsten an Mauern und auf Schuttplätzen.

◌ Ernten und Verarbeiten

Vom Ernten und Verarbeiten wird abgeraten, da diese Pflanze hoch-giftig ist!

◌ Anwendungsbeispiele

Bilsenkraut gilt als das älteste Narkotikum, wurde zum Fische fan-gen und als Schmerzmittel eingesetzt, oft mit tödlichem Ergebnis. Den Namen Zigeunerkraut hat es, weil das fahrende Volk es in frü-herer Zeit Hühnern zu fressen gegeben hat. Die armen Tiere wurden durch den Genuss völlig orientierungslos und ließen sich so sehr leicht fangen.

◌ Für die Gesunderhaltung

In der Homöopathie wird das giftige Kraut unter anderem bei Erre-gungszuständen und Schlaflosigkeit eingesetzt. Äußerlich soll ein Öl mit Auszügen des Bilsenkrauts gut bei rheumatischen Beschwerden helfen.

◌ Für den Genuss

Ob man bei einem solchen Kraut wirklich von Genuss sprechen kann, ist fraglich. Es gab eine Zeit, da hat man Bilsenkraut wegen seiner rauschhaften Wirkung dem Bier zugesetzt. Eben ein Genuss der ganz besonderen Art, Halluzinationen und eventuelle Wahnvorstellungen inbegriffen.

❧ Magie

Bilsenkraut ist eines der Hexenkräuter schlechthin. Es wurde benutzt, um Flugsalben herzustellen, Personen und Tiere zu verhexen – was heute ja nicht mehr üblich und auch nicht ratsam ist, denn es schadet dem guten Ruf, falls man denn einen hat. Wird das Kraut zum Räuchern benutzt, ist Vorsicht geboten, denn das Einatmen des Rauchs kann zu ähnlichen Reaktionen führen wie bei den Hühnern, die von den Zigeunern angelockt wurden.

Roter Fingerhut
(Digitalis purpurea)

*I*ch liebe es aufzufallen! Darum werdet ihr mich auch nicht übersehen, so wie andere kleine und unscheinbare Blumen, die am Wegesrand stehen. Nein, ich bin eine Diva unter den Blumen und verstehe es, die Aufmerksamkeit auf mich zu lenken. Glockig, in Zartrosa bis Violett und mit Punkten in den Kelchen, erscheinen meine Blüten fast wie ein Hutmodell, das der Queen in England alle Ehre machen würde. Ja, seht mich nur an, bestaunt und bewundert meine Blüten, wie vielfältig und schön sie blühen. Man möchte mich berühren, an mir schnuppern, mich vielleicht sogar erobern und mit nach Hause nehmen. Doch Vorsicht: Ich bin schön und gefährlich. Ja, ähnlich wie bei euch Menschen eine Kleopatra, kann ich verführerisch und zerstörerisch zugleich sein. Wer sich nicht mit meiner Schönheit und meinen Eigenschaften vertraut gemacht hat, kann dahinsiechen, denn ich habe die Macht über Leben und Tod. Richtig angewendet, weite ich euer Herz, bringe die Lebenssäfte zum Fließen und kann leidenschaftliche Gefühle wecken. Aber bei falscher Anwendung wird es euch nicht gut ergehen. Denn nach den unterschiedlichen Vergiftungsstadien wie Übelkeit, Durchfall und Sehstörungen kann euer Herz versagen. So lasst euch noch einmal warnen: Ich bin schön und schrecklich, habe die Macht zu verführen und zu vernichten, obwohl mein bitterer Geschmack jeden abhalten sollte, die tödliche Dosis von mindestens zwei bis drei Gramm meiner Blätter zu sich zu nehmen. Es soll Menschen geben, die die Medizin, die aus meinen Bestandteilen hergestellt wird, überdosieren und so freiwillig oder aus Unwissenheit zu Tode kommen. Da kann ich ja nur sagen: Wer lesen kann, ist klar im Vorteil. Dass Kinder ziemlich schlechte Erfahrungen mit mir machen, kann ich ja noch nachvollziehen. Sie werden angelockt durch meine Farbenpracht und ahnen nichts von den Gefahren. Denjenigen jedoch, denen Mediziner erklären, wie ich anzuwenden bin, und die glauben, mehr helfe mehr, ist wirklich nicht zu helfen. So nehmt denn mein Gift und spürt, wie es sich in eurem Körper ausbreitet, euch Dinge doppelt sehen lässt, eurer Herz zum Rasen bringt und in Magen und Darm dafür sorgt, dass ihr das stille Örtchen für Tage nicht verlassen könnt.

Auf der geistigen Ebene bin ich allen Frauen hilfreich, die Angst vor dem Leben haben, vor ihrer eigenen Stärke und Macht sowie ihrer Sexualität. Auch diese Eigenschaften verkörpere ich und strahle sie aus. Ich bin sozusagen die zur Blume erwachte starke Weiblichkeit. Meditiert vor einem Bild von mir oder visualisiert in Gedanken meine Blüten. Stellt euch dabei vor, ihr seid wie ich, und tragt alle Stärke und Schönheit, aber auch Wildheit, Macht und Erotik in euch. Sie durchströmt euch, schenkt euch Kraft, Mut und Selbstvertrauen und ihr spürt, wie sich diese Eigenschaften in jeder Faser eures Körpers ausbreiten. Ihr seid schön, wild und begehrenswert, und das ist gut so! Lebt eure Weiblichkeit in allem, was ihr tut, und genießt sie von ganzem Herzen.

Wenn ihr beginnt dies umzusetzen und wirklich zu leben, kann es passieren, dass Menschen in eurem Umfeld plötzlich verwundert eine Augenbraue hochziehen, da ihr klar und direkt äußert, was euch gefällt und was nicht, eure Weiblichkeit nicht mehr versteckt, sondern sie durch Kleidung, Gestik und Gang zur Geltung bringt. Sie werden dann hinter eurem Rücken tuscheln, Männer begegnen euch plötzlich mit strahlendem Lächeln, und eure Schwiegermütter schütteln nur noch den Kopf und murmeln: „Ich hab`s ja immer gewusst!" Wenn das passiert, dann seid ihr auf dem richtigen Weg. Fürchtet euch nicht, sondern genießt es.

P.S. Ich habe nicht gesagt, dass es eine der leichteren Übungen sein wird.

෬ Man nennt mich auch:
Fingerglöckchen, Handschuhkraut, Waldglocke

෬ Wann und Wo
Die zweijährige Pflanze mit ihren zahlreichen, wunderbar glockigen Blüten kann bis zu 1,5 Meter hoch werden und blüht von Juni bis September bevorzugt an Waldlichtungen und Wegrändern.

෬ Ernten und Verarbeiten
Wie das Bilsenkraut, sollte man auch den Finterhut lediglich anschauen, da schon 2,5 Gramm der Blätter tödlich sein können. Die Vergiftungserscheinungen beginnen mit Erbrechen und Durchfall,

um dann über Halluzinationen, Sehstörungen und Kopfschmerzen bei einem Herzstillstand zu enden. Es gibt wahrlich schönere Arten, aus dem Leben zu scheiden, oder?

☙ Anwendungsbeispiele
Eine der schlimmsten Anwendungsformen war sicherlich die, Kindern Fingerhut zu geben, um sie von Besessenheit zu heilen, die angeblich auf Hexen zurückzuführen war. Was in den meisten Fällen tödlich endete. Auch als Abführ- und Brechmittel wurde die Pflanze früher angewandt.

☙ Für die Gesunderhaltung
Fingerhut gilt als eine der ersten offiziellen Arzneipflanzen der modernen Medizin. Seit dem siebzehnten Jahrhundert wird sie als Herzmittel eingesetzt.

☙ Magie
Die Blätter des Fingerhuts erwecken leidenschaftliche Liebe und wurden für Liebeszauber ebenso wie für den Schutz von Haus und Garten verwendet, als Amulette am Körper getragen oder um das Haus herum gepflanzt. Vom Räuchern mit dieser Pflanze ist abzuraten, da es dabei zu Kopfschmerzen oder Halluzinationen kommen kann. Elfen sollen die Blüten gerne als Kopfbedeckung benutzen.

Gefleckter Schierling
(Conium maculatum)

Bevor ich mich über euch Menschen lustig mache, oder besser gesagt staunend den Blütenkopf schüttele, stelle ich mich erst einmal vor. Ich heiße Schierling und war einst weit verbreitet. Da sich euer Vieh jedoch in früheren Zeiten sehr oft an mir vergiftet hat, habt ihr versucht, mich auszumerzen. Das ist euch allerdings nicht ganz gelungen, denn so ohne Weiteres lasse ich mich nicht vertreiben. Ich habe starke Pfahlwurzeln und bin eine eher unauffällige Pflanze, ganz anders als der Fingerhut, der durch Wuchs und Blüte sofort ins Auge springt. Doch tödlich kann eine Begegnung mit jedem von uns beiden sein. Ja, und wer sich nicht gut auskennt, kann mich leicht verwechseln. Will man beispielsweise wilde Fenchelsamen oder Petersilienwurzeln sammeln und gerät dabei an mich, könnte dies durchaus tödliche Folgen haben.

Ich will euch nun verraten, warum ich oft meinen Pflanzenkopf schütteln muss, wenn ich über euch nachdenke. Was seid ihr in der früheren Zeit doch für ein herzloses Volk gewesen, jedenfalls eure Richter. Da gab es einige, die nutzten mich und meine Fähigkeiten, um ein Todesurteil zu vollstrecken und behaupteten dazu noch, dies sei eine humane Art. Vielleicht hatten sie keine Ahnung, was für Qualen der menschliche Körper und Geist durchlebt, bevor er an meinem Gift stirbt. Euch wird übel, euer Mund brennt, ihr müsst euch übergeben, und ständiger Speichelfluss lässt euch wie einen sabbernden Greis aussehen. Eigentlich seid ihr nun völlig panisch, aber statt zu rasen wird euer Herz immer langsamer. Ihr nehmt es voller Entsetzen wahr, müsst bei vollem Bewusstsein die Lähmungserscheinungen mit verfolgen, die sich nun im Körper von unten nach oben ausbreiten. Es beginnt in den Füßen – das war's dann mit dem Fluchtversuch durch Davonlaufen. Die Beine geben langsam nach. Nun ist der Unterleib erreicht, auch diese Körperfunktionen setze ich außer Gefecht; Augen, Hände, Gesicht und Verstand registrieren diesen Vorgang glasklar und ganz genau. Nein, es gibt kein Zurück mehr. Bis mein Gift eure Lungen erreicht hat, können Stunden vergehen. Geschieht es dann endlich, werdet ihr wirklich elend bei vollem Bewusstsein an Atemlähmung dahinscheiden. Wie war das noch gleich mit humaner Hinrichtungsmethode? Könnte man die so Getöteten fragen, bin ich sehr sicher, sie würden das schnelle Beil des Henkers meiner Wenigkeit vorziehen.

Ich wurde auch gegen Schmerzen und als Beruhigungsmittel eingesetzt – leider oftmals mit schlechtem Ausgang für den Patienten. Hexen und andere kundige Männer und Frauen nutzten meine halluzigene und erotisierende Wirkung, um sogenannte Flugsalben herzustellen oder sich miteinander zu vergnügen. Gelangt mein Wirkstoff über die Haut in den Körper, habe ich genau diese Wirkung: Ich kann Halluzinationen und äußerst erotische Stimmungen erzeugen. Am besten gefallen mir in diesem Zusammenhang jedoch die Anwendungsweisen in den Klöstern. Dort wurde ich in früheren Zeiten in den Gärten kultiviert. Es gab da ein paar ganz Schlaue, die behaupteten doch wirklich, wenn man sich meinen Saft auf die Hoden oder andere „gefährliche" Körperteile reibe, schütze das vor unkeuschen Träumen und Gelüsten. Ha, ha, und ich bin auch ganz unschuldig und harmlos und glaube daran, dass die Fee des Waldes mich an Weihnachten besuchen kommt.

○ʒ Man nennt mich auch
Gefleckter Schierling, Bangenkraut, Blutschierling, Dollkraut, Fleckenschierling, Mäuseschierling, Schwindelkraut, Stinkender Schierling, Tollkerbe

○ʒ Wann und Wo
Die ein– bis zweijährige Pflanze kann bis zu 2,5 Meter hoch werden und blüht von Juni bis September. Sie wächst weitverbreitet in Europa und Nordamerika und fühlt sich an feuchten Stellen wie Ufern, aber auch in der Nähe von Hecken oder auf Schutthalden wohl. Wegen der vielen Vergiftungen von Nutzvieh in früheren Zeiten wurde die Pflanze gezielt bekämpft.

○ʒ Ernten und Verarbeiten
Wie auch beim Fingerhut ist vom Ernten und Verarbeiten dieser Pflanze dringend abzuraten, da alle ihre Teile, besonders jedoch die noch unreifen Früchte hochgradig giftig sind. Nicht nur Tiere, sondern auch Menschen werden, wie die Hinrichtung von Sokrates (399 v. Chr.) durch den „Schierlingsbecher" gezeigt hat, eines sehr

unschönen Todes bei vollem Bewusstsein durch Atemstillstand sterben. Obwohl sich in dem Becher noch andere Zutaten getummelt haben sollen.

❦ Anwendungsbeispiele
In früherer Zeit wurde Schierling nicht nur für Hinrichtungen verwendet, sondern auch im Volk zusammen mit Opium zu Selbsttötungszwecken verteilt. Auf solch makabere Art kann man das Problem der Überbevölkerung natürlich auch lösen.

❦ Für die Gesunderhaltung
Heute wird Schierling in der Homöopathie unter anderem bei Parkinson, Lähmungen, sexueller Überreizung sowie zur Beruhigung und als Schmerzmittel eingesetzt.

❦ Für den Genuss
Es dürfte klar sein, dass es beim Schierling nur einen einmaligen Genuss gibt. Vorsicht: Die Wurzeln können mit denen von Meerrettich oder Wurzelpetersilie, die Samen mit denen von Fenchel oder Anis verwechselt werden. Die Pflanze hinterlässt beim Zerreiben einen äußerst unangenehmen Geruch (Mäusepisse). Auf diesen Test sollte man beim Sammeln etwa von wildem Fenchel nicht verzichten. Vorausgesetzt man weiß wie Mäusepisse riecht.

❦ Magie
In der Magie war Schierling einst eine der Zutaten, die man zur Herstellung der Hexenflugsalbe benötigte. Außerdem wurde der Pflanze eine erotisierende Wirkung nachgesagt, und zum Bannen von Flüchen scheint sie ebenfalls geeignet.

Schwarze Tollkirsche
(Atropa belladonna)

D er Sage nach wurde ich nach einer griechischen Schicksals-
göttin, Atropa der Grausamen benannt, welche die Fähigkeit
besaß, den Lebensfaden zu durchtrennen. Schon damals hat man
meine großartigen und auch meine grausamen Wirkungsmöglich-
keiten gekannt. Ich bin die, die einem Menschen das Leben ebenso
leicht nehmen, wie auch wieder schenken kann. Ich bin Mord- und
Heilmittel zugleich. Und dieses Gift verteile ich sehr unterschiedlich
in mir. Kurz vor der Blüte ist es in den Blättern und Stängeln am
stärksten vorhanden. Sobald meine Früchte reif sind, konzentriere

ich meine vernichtende Kraft in ihnen. Aber vernichtend bin ich nur für jene, die mich nicht richtig anzuwenden wissen; mit meiner Hilfe können unliebsame Mitmenschen gezielt aus dem Weg geräumt werden. Du glaubst, das sei alles nur dummes Gerede von gestern und heutzutage geschehe so etwas nicht mehr? Da kann ich ja nur herzlich lachen. Wenn ich anfangen würde, aus dem Kräuternähkästchen zu plaudern, würdet ihr staunen. Aber die Seiten dieses Buches reichten lange nicht aus, die Sachen zu enthüllen, die ich weiß, und wahrscheinlich ist das auch gut so. Aus diesem Grund werde ich mich auf die Punkte beschränken, die nicht gefährlich sind und Dinge wie die Rezeptur der magischen „Flugsalbe" verschweigen. Oh ja, auch heute noch wird sie mancherorts angewendet. Aber ich glaube, ich erinnere mich auch gar nicht mehr so genau an die Zusammensetzung.

Ihr versucht, meine Wirkungsweise auf die unterschiedlichsten Arten zu nutzen: In die Augen getropft, weite ich die Pupillen und sorge ich für einen verführerischen Blick. In der Heilkunde und auch als Bierzusatz wurde ich verwendet. Ich kann als Abortivum Leben nehmen und es als Gegengift bei Fliegenpilzvergiftungen wieder schenken. In Mexiko hat man meine Blätter geraucht, was nicht selten zum Irrsinn führte, und als Aphrodisiakum beschere ich euch erotische Träume. Sogar bei der Parkinson-Krankheit hat man mich schon eingesetzt.

Neben der körperlichen gibt es noch eine weitere, nicht so direkt fassbare Ebene. Die Chinesen nennen sie Chi und meinen damit den Lebensatem oder die Lebenskraft, die den Menschen innewohnt. Auch wir Pflanzen haben so etwas. Meine ähnelt dem weiblichen Prinzip; auch ich agiere in rhythmischen Wellen, bin grausam und schön zugleich, verführe und vernichte. Ich kann weibliche Macht verstärken und gleichzeitig einen losgelösten Blick auf die Wirklichkeit schenken – aber nur, wenn ihr mich in homöopathischen Dosen verwendet oder vor meinem Bild meditiert.

Manche von euch halten mich für eine Pflanze des Teufels, die durch und durch schlecht und grausam ist. Das trifft in meinem Fall jedoch genauso wenig zu wie bei euch Menschen oder bei anderen Dingen. Ein Messer ist auch einfach nur ein Messer. Damit kannst du in der Küchen Zwiebeln schneiden oder deinen Nachbarn umbringen, Heiligenfiguren schnitzen oder dir die Pulsadern aufschneiden. Du verstehst, worauf ich hinauswill? Das Messer kann nichts für das, was du mit ihm machst; es deshalb zu verurteilen, ist ebenso falsch wie mich als eine Pflanze des Teufels zu bezeichnen.

Nun fällt mir auch wieder ein, wieso ich vorhin auf die Flugsalbe gekommen bin. Einer von euch wollte doch das Rezept von mir haben. Manche Menschen sprechen mich an, wenn sie mir auf ihren Spaziergängen begegnen. Also, das ist alles schon so lange her, ich weiß wirklich nicht, ob ich das noch zusammen bekomme in meinem Pflanzenhirn. Ich glaube, es war so: ein Teil Bilsenkraut mit zwei Teilen Schlafmohn zermörsert und dann...hm, wie ging's weiter? Ach ja, zwei Teile Fliegenpilz, nein falsch, der Schierling und meine Wenigkeit, wir müssen dazu, nicht der Fliegenpilz. Hat man das Ganze dann zusammen mit Fledermausblut vermischt oder war das die Geschichte mit den Vampiren? Kinder, Kinder, ich fürchte, ich krieg das nicht mehr ganz zusammen, oder doch? Wartet, ich denke noch mal nach.....in jedem Fall kamen die Kräuter in den Mörser und wurden dann mit einer Flüssigkeit vermischt, die recht zäh war, Öl, Fett, Menstruationsblut, am besten von einer Jungfrau, glaub ich. Ha, jetzt weiß ich es wieder: das mit der Jungfrau war immer das Problem, deshalb hat es so selten funktioniert. Also lassen wir es besser.

☾ Weitere Bezeichnungen
Teufelskirsche, Dollwurz, Wolfsbeere, Schwindelkirsche, Wutbeere, Waldnachtschatten

⊂⅋ Wann und Wo

Der unscheinbare mehrjährige Strauch mit seinen hübsch anzusehenden, jedoch sehr giftigen, glockenartigen Blüten und dunklen Beeren blüht von Juni bis August in ganz Mitteleuropa. Er kann über einen Meter hoch werden und bevorzugt warme Waldränder sowie Lichtungen und Kahlschläge in Laub- und Mischwäldern.

⊂⅋ Ernten und Verarbeiten

Davon sei jedem Laien dringend abgeraten, da alle Pflanzenteile giftig sind und schon 3 bis 5 Kirschen bei Kindern und 10 bis 20 bei Erwachsenen zum Tode durch Atemlähmung führen können. Also bitte, falls man einen solchen Strauch findet: anschauen, seine Schönheit bewundern und es dabei belassen.

⊂⅋ Anwendungsbeispiele

Mannigfaltig waren die Verwendungszwecke der Tollkirsche in früherer Zeit. Man verabreichte sie Angeklagten in Hexenprozessen, um ein Geständnis zu erzwingen, Frauen tropften sich die Flüssigkeit in die Augen, um schöne große Pupillen zu bekommen, und auch als Bestandteil der Hexenflugsalbe war sie unentbehrlich.

⊂⅋ Für die Gesunderhaltung

Heute wird die Tollkirsche in der Homöopathie unter anderem bei Parkinson und Epilepsie angewendet und zu militärischen Zwecken als Gegengift zu Nervengas eingesetzt. Auch in der Augenheilkunde spielt sie eine große Rolle.

⊂⅋ Für den Genuss

Für einen eher fragwürdigen Genuss setzte man in alter Zeit Tollkirschensaft Bier und dem Wein zu. Da eine Tollkirschenvergiftung neben Mundtrockenheit und Pulsbeschleunigung auch teils erotische Wahnvorstellungen hervorrufen kann, ist es durchaus denkbar, dass man nach einem Abend mit solchen Getränken lieber nicht mehr an die Einzelheiten erinnert werden wollte.

○ Magie

Wie schon erwähnt, ist die Tollkirsche einer der wichtigsten Bestandteile der Hexenflugsalbe. Hatte eine Hexe sich die Salbe auf die Haut aufgetragen, wurden nicht selten Wahnvorstellungen hervorgerufen, beispielsweise die, fliegen zu können.

März

Reinigung – neue Kräfte entfalten – Entrümpeln – Räumen – Platz
schaffen für Neues – die länger werdenden Tage genießen
Nichts wie raus!

 Brennnessel • Gänseblümchen • Kalmus • Löwenzahn

○႙ Körperübung „Hampelmann"

Mit leicht gegrätschten Beinen hinstellen, die Arme hängen locker an den Seiten
herab. Nun mit einem leichten Sprung die Beine zusammen und gleichzeitig die
Arme nach oben bringen und in die Hände klatschen. Mit dem nächsten Sprung
die Beine wieder leicht grätschen und die Arme seitlich nach unten bringen. Dies
nun fünf bis zehn Mal wiederholen. Körper und Geist werden wach und munter,
der Kreislauf wird angekurbelt und die Laune hebt sich sofort. Die beste Zeit für
diese Übung ist der frühe Morgen gleich nach dem Zähneputzen.

○႙ Mentalübung „Frühjahrsputz"

Diese Mentalübung beginnt praktisch, was den geistigen Effekt natürlich nicht
schmälert. Man wähle einen bestimmten Bereich in der Wohnung, der dann Stück
für Stück entrümpelt, aufgeräumt und sortiert wird. Keller, Dachboden, aber auch
Schreibtische und Kleiderschränke werden immer wieder gerne für diese Übung
genommen. Dabei stellt man sich vor, dass das, was im Außen geordnet und aus-
sortiert wird, ebenso in unserem Inneren geschieht. Gedankenknoten werden ge-
löst, Hamsterrad-Denken wird gnadenlos aus dem Kopf verbannt und macht leichten, luftigen und klaren Ideen Platz.

Große Brennnessel
(Urticae dioica)

Wer kennt mich nicht? Ich bin die Unbequeme, die zwar anspruchslos, aber nicht wehrlos ist. Ich verschwende keine Kraft in den schönen Schein in Form von bunten Blüten oder wohlgeformten Samenkapseln. Äußerlich reduziere ich mich auf das Wesentliche. Selbstbehauptung und Durchsetzung statt Schönheit und Wohlgefallen sind mein Bestreben, vielfältig und großartig meine Fähigkeiten. Aber fangen wir bescheiden an: Kein Platz, an dem ich nicht anzutreffen bin, kein Standort ist mir zu widrig, ob dicht gedrängt oder frei auf den großen Wiesen. Ich bin einfach überall. Nur dort, wo ihr die Natur kultiviert, wollt ihr mich auszumerzen. Dabei scheint ihr zu vergessen, welch großartige Dienste ich euch leisten kann. Je moderner der Mensch geworden ist, desto mehr ist ihm offenbar das Wissen um die Kraft der Natur verloren gegangen. Einige wenige unter euch kennen und schätzen mich aber noch oder haben mich wiederentdeckt, sei es für die Gesundheit, den Garten, die Schönheit oder auch den kulinarischen Genuss. Ein paar ganz Gewitzte setzten mich in alter Zeit als Liebeskraut ein. Doch dazu später mehr. Ach ja, ein ganz hervorragendes Färbemittel bin ich auch noch. Versucht es doch einfach einmal. Grüne Ostereier oder hausgemachte Brennnesselnudeln sind eine Freude für Auge und Gaumen. Manche haben sich mit meinen Blättern einst sogar auspeitschen lassen, der Gesundheit wegen. Heutzutage gibt es für diesen Zweck Tinkturen oder Salben. In verschiedenen Regionen kam an bestimmten Tagen im Jahr immer etwas Köstliches auf den Tisch, das aus meinen Blättern zubereitet wurde. Am ersten Januar beispielsweise ein Brennnesselkuchen, um ein besonders gutes Jahr einzuläuten, und am Johannistag, dem 24. Juni, verspeiste man in manchen Gegenden Brennnesselpfannkuchen, um gegen den Zauber von Naturgeistern gefeit zu sein, die manchmal ihren Schabernack getrieben haben.

Meine pflanzliche Energie des Brennens und der Ausdauer, also dass ich zuerst unangenehm und schmerzhaft, dann jedoch heilsam bin und mich nie unterkriegen lasse, kannst du auf das Leben übertragen. Ähnlich wie in Hans Christian Andersens Märchen „Die wilden Schwäne". Dort muss die Schwester aus Brennnesseln Hemden weben, um die Brüder zu retten. Sie geht durch den Schmerz. Das wirkliche Leben fordert euch auch manchmal auf, durch sehr unangenehme Situationen zu gehen und dem eigenen Schmerz zu begegnen, damit ihr geheilt werden könnt. Denn wird dieser Schmerz gefühlt und zugelassen, kann er gewandelt werden und darf aus eurem Leben verschwinden. Ich stärke die Feuerkraft und dein Selbstbewusstsein, damit du solche Situationen meistern kannst.

Die Geschichte mit den gewebten Hemden ist übrigens keine Erfindung des Märchenerzählers, denn früher war ich, genau wie der Hanf, eine sehr begehrte Nutzpflanze, aus deren Fasern ihr Kleidung, Seile, Decken und vieles mehr hergestellt habt. Dass wir ohne chemischen Kunstdünger und ohne Schädlingsbekämpfungsmittel hervorragend gewachsen sind, ist eine Tatsache, die bis heute Gültigkeit besitzt.

Bevor ich ende, möchte ich zu meiner angeblichen Wirkung als Aphrodisiakum doch noch ein paar Worte sagen, denn es ist einfach zu köstlich. Aus meinen Samen wurde früher Wein hergestellt und dann dem Objekt der Begierde verabreicht. Oft soll es funktioniert haben und zu einer lustvollen Nacht gekommen sein. Aber sind wir doch mal ehrlich, in einer Zeit, da der Genuss von Alkohol noch nicht so alltäglich war wie heute, wenn dann Mann oder Frau einige Gläser Brennnesselwein zu sich nahmen, ob das Ergebnis dann wirklich rein meinem Samen zuzuschreiben war, bezweifle ich stark. Aber was soll`s, einen leicht anrüchigen Ruf zu genießen, kann auch Vorteile haben. Denn ist der Ruf erst ruiniert.....

ꙮ Man nennt mich auch

Donnernessel, Feuerkraut, Gichtrute, Große Neddeln, Hanfnessel, Nessel, Saunessel, Senznessel, Teufelskraut

ꙮ Wann und Wo

Sobald der Winter geht, bis zu dem Zeitpunkt, an dem sich der Herbst verabschiedet, gibt es kaum einen Ort, an dem man die Brennnessel nicht antreffen kann. Ob Wiese, Wald, Bahndamm oder Garten und an Bachläufen, sie fühlt sich überall wohl und nimmt schnell viel Raum ein.

୧ Ernten und Verarbeiten

Die jungen Spitzen werden von Beginn des Jahres an gepflückt und sowohl frisch als auch getrocknet weiterverarbeitet, ebenso die Wurzeln.

୧ Anwendungsmöglichkeiten

Ob innerlich als Tee, Tinktur oder Frischsaft und äußerlich als Badezusatz oder Haarwasser, der Mensch kann dieses gute Kraut auf zahlreiche Arten nutzen. Auch bei Biogärtnern findet die Brennnessel vielfältige Einsatzmöglichkeiten, ob zur Schädlingsbekämpfung oder als Dünger. Man sieht, hier handelt es sich um einen wahren Tausendsassa.

୧ Für die Gesunderhaltung

Trinkt einen Tee aus den Blättern, und Gutes wird euch widerfahren. Das Blut wird gereinigt, Blase und Nieren werden gut durchspült. Die Brennnessel stärkt die Abwehrkräfte und versorgt den Körper mit wertvollem Eisen, Magnesium, Kieselsäure sowie den Vitaminen A, E (das Jungbrunnenvitamin) und C in einer Konzentration, die jedes Gemüse vor Neid erblassten lässt. Ein kleines Beispiel: 100 Gramm Spinat enthalten 51 mg Vitamin C, 100 Gramm Brennnesseln jedoch 1100mg!!! Dies ist kein Druckfehler. Aus den Wurzeln werden Tinkturen und Haarwasser hergestellt.

Tee

1-2 TL getrocknete Blätter mit nicht mehr kochendem Wasser überbrühen und 5-10 Minuten ziehen lassen. Als Frühjahrskur vier Wochen lang täglich 2-4 Tassen trinken.

Tinktur

Ein Glas mit Schraubverschluss zur Hälfte mit getrockneten Brennnesselwurzeln füllen und einen mindestens 40-prozentigen Alkohol, etwa Wodka oder Doppelkorn, darauf gießen. Diese Mischung nun einen Mondrhythmus lang (28 Tage) an einem sonnigen Ort stehen lassen und ab und an vorsichtig schütteln. Anschließend das Ganze abseihen, in eine dunkle Flasche füllen und beschriften. Soll die Tinktur als Haarwasser verwendet werden, verdünnt man sie 1:1 mit abgekochtem Wasser und massiert nach dem Haare waschen die Kopfhaut damit.

∞ Für den Genuss

„Popeyes Kraftfutter" – Brennnesselspinat

Man sammle *junge Brennnesselspitzen* und blanchiere sie eine Minute. Es sollte eine ausreichend große Menge sein, da nach dem Blanchieren nur noch ca. 20 Prozent der Masse übrigbleiben. *1 kleingehackte Zwiebel* in Öl anbraten, die Brennnesseln dann mit *2 zerkleinerten Knoblauchzehen* in den Zwiebeln erwärmen, dies alles mit *Salz, Pfeffer und Sahne* abschmecken. Ein klassisches Kartoffelpüree ist der ideale Begleiter.

„Neptuns Traum" – Lachs im Brennnesselbett

Die *Brennnesseln* wie oben beschrieben blanchieren und zubereiten, in eine gefettete Auflaufform geben. Dann *1 oder 2 Lachssteaks* mit *Zitronensaft, Salz und Pfeffer* würzen und auf die Brennnesseln setzen. Nun *1 Handvoll frischer Küchenkräuter* (z.B. Dill, Schnittlauch, ein wenig Minze) kleinhacken, mit *Salz, Pfeffer* und *1 Becher saurer Sahne* vermischen und über den Lachs geben. Im vorgeheizten Backofen wird alles bei 180 Grad 35 – 45 Minuten gegart und fertig ist der Gaumenschmaus.

„Feuerkuchen" – Brennnessel Quiche

Einen *Mürbteig* herstellen aus *170 g Butter, 2 Eiern und 250 g Mehl*. Mit *Salz und Muskat* abschmecken. Nun blanchiert man *frische Brennnesselspitzen*, drückt sie anschließend kurz in einem Sieb aus, schneidet sie grob und mischt *1 Bund gehackten frischen Bärlauch* und *1 gewürfelte Zwiebel* darunter, *150 g gewürfelter durchwachsener Speck (Dörrfleisch)* werden ebenfalls benötigt. Nun wird eine Masse aus *3 Eiern, 1 Becher Sahne (200 g) und ca. 200 g Frischkäse* (von der Ziege besonders lecker) bereitet, die mit *Salz, Pfeffer und Muskat* gewürzt wird.

Auf den ausgerollten Mürbteig wird zuerst die Eimasse verteilt, darauf das Brennnessel-Bärlauch-Gemisch und zum Schluss der Speck.

Alles bei 180 Grad ca. 45 Minuten backen

ଔ Magie

Besonders zu Beginn des Jahres eignet sich die Brennnessel bestens, um die Lebenssäfte wieder in Fluss zu bringen und das in uns schlummernde Feuer neu zu entfachen. Eine Feuerkur macht wach, begeistert, reinigt und belebt. Dreimal sieben Tage lang werden von dem Feuerkraut Tees getrunken, Gemüse und Suppen gegessen, Abwaschungen und Bäder vollzogen und damit geräuchert. Bei jeder dieser Handlungen und Mahlzeiten stelle man sich die feurige Kraft vor, die in Körper und Geist erwacht.

Gänseblümchen
(Bellis perennis)

H übsch, hell, freundlich, Unschuld, Reinheit und Zärtlichkeit sind nur ein paar der Attribute, mit denen ihr Menschen mich in Verbindung bringt. Und ihr habt recht. Ich zaubere ein Lächeln auf euer Gesicht, wenn ihr mich erblickt. Klein und bescheiden, aber keck, sitze ich sehr zahlreich auf Wiesen und in Parkanlagen, schaue mit meinem kleinen gelben Sonnengesicht, das von zahlreichen zarten, weißen Blütenblättern umrahmt ist, gen Himmel. Ich bringe euch dazu, dass ihr euch zu mir herunterbeugt, um mich zu betrachten oder zu pflücken, denn ich erinnere euch daran, dass es die kleinen Dinge sind, die euer Herz erfreuen, die man jedoch allzu leicht übersieht.

In alten Schriften steht geschrieben, mich zu pflücken lehre euch Menschen Dankbarkeit und meine Ausstrahlung wecke den Sinn für das Schöne, Tiefe und Bescheidene. Obwohl es mir wirklich völlig fern liegt zu prahlen, möchte ich nicht unerwähnt lassen, dass ich in einigen Kunstwerken verewigt bin. Etwa in Botticellis Gemälde „Geburt der Venus", wo eine Hore, also eine Göttin der Jahreszeiten, der Venus einen über und über mit Gänseblümchen bestickten Mantel reicht. Dieser Hinweis auf Venus zeigt, dass mit mir nicht nur die partnerschaftliche Liebe, sondern auch die zum Schöngeistigen verbunden wird. Auch Hans Christian Andersen hat mir ein eigenes Märchen gewidmet, „Das Gänseblümchen". Was mich sehr erfreut, wenn auch die Geschichte an sich traurig ist und viel über das Wesen mancher Menschen aussagt. Wie der Name vermuten lässt, handelt es von einem hübschen, kleinen Gänseblümchen, das sich auf einer schönen saftigen Wiese seines Lebens freut und Gott für jeden dieser glücklichen Tage dankt. Eine Lerche bewundert das zarte Blümchen. Diese wird von Menschenkindern gefangen, mit dem Wiesenstück, auf dem das Gänseblümchen sitzt, in einen Käfig gesperrt und anschließend vergessen. Ein verdursteter Vogel und ein verdorrtes Gänseblümchen sind das Ende der Geschichte. Also lasst die Tiere und Pflanzen einfach dort, wo sie sind, erfreut euch an Ort und Stelle an ihnen und nehmt ihnen nicht den Lebensraum und die Freiheit. Und wenn doch, so kümmert euch und geht verantwortungsvoll mit ihnen um. Ihr wollt doch auch nicht, dass mit euch so verfahren wird wie in dem Märchen, oder? Und noch mehr Unsinniges ist mir widerfahren. In früherer Zeit gab es Menschen und auch Feen, die meinen bescheidenen kleinen Wuchs mit Kleinheit allgemein verbanden. So haben sie versucht, Tiere und Kinder mit der Gabe von mir am Wachstum zu hindern und klein zu halten. Das sind die unschönen Dinge, für die man mich benutzt hat. Doch Gott sei Dank diene ich in den meisten Fällen als Zierde. Aus mir werden schöne kleine Sträuße, Girlanden, Kopfschmuck sowie lustig aussehende Brotbeläge gemacht. Das gefällt mir besonders gut.

ભ Man nennt mich auch
Maiblume, Marienblume, Tausendschön, Mondscheinblume, Massliebchen

ભ Wann und Wo
Diese hübsche kleine Blume wächst bis zu 15 cm hoch und blüht in warmen Jahren von März bis in den Oktober hinein, bevorzugt auf Wiesen, in Auen, Gärten und Parkanlagen in ganz Mittel- und Südeuropa.

ભ Ernten und Verarbeiten
Blüten und Blätter können während des gesamten Sommers geerntet und sowohl frisch als auch getrocknet verwendet werden. Möchte man Kapern aus ihnen machen, nimmt man die Knospen.

ભ Anwendungsbeispiele
Gänseblümchen können vielfältig genutzt werden. Für den kulinarischen Genuss, als Tee und als Tinktur sind sie ebenso geeignet wie zum Orakeln und Verzaubern.

ભ Für die Gesunderhaltung
Die Frühjahrsmüdigkeit lässt sich mit einer Teemischung vertreiben, die auch Gänseblümchen enthält. Sie kurbeln den Stoffwechsel an und sorgen dafür, dass sich noch im Winterschlaf befindliche Organe und Blutbahnen allmählich recken und strecken und endlich zu frischem Leben erwachen. Äußerlich klärt ein solcher Tee unreine Haut und kann Ausschläge lindern.

☙ Für den Genuss

Kapern

Man kann dafür sowohl *Gänseblümchenknospen* als auch Löwenzahn-knospen verwenden. Nachdem man eine ausreichende Menge Knospen gepflückt hat, bestreut man sie mit *Salz* und lässt sie 5 Stunden stehen. Dann gibt man sie in *siedendes Wasser* und lässt sie dreimal gut aufwallen. Nachdem sie abgetropft sind, kommen die Blütenknospen in kleine Gläser und werden mit *kochendem Essig* nach Wahl übergossen. Wer es mediterran mag, nimmt Balsamico, wer es lieber fruchtig mag, kann einen Himbeeressig nehmen. Die Gläser verschließen und 7 Tage stehen lassen. Zum Abschluss den Essig samt Kapern noch einmal aufkochen und wieder in Gläser füllen. Wer möchte, kann auch mit *Pfefferkörnern, getrocknetem Knoblauch* oder anderen Kräutern experimentieren.

„Elfenglück" – Quark Torte mit Gänseblümchen

Man kaufe einen dreiteiligen *Biskuitboden. Von diesem wird der erste Teil* in eine runde Form gelegt. Nun stellt man eine Masse her aus *2 Eiern*, dem *Saft* und der geriebenen *Schale 1 unbehandelten Orange, 150 g Rohrohrzucker, 500 g Magerquark, 150 g Naturjoghurt, 200 ml cremig geschlagener Sahne.* Nun *6 – 8 Blatt Gelatine* nach Anleitung unter die Masse geben, knapp 1/3 der Masse für die Verzierung zurückbehalten, dann noch *1 kleine Dose Mandarinen* hinzu. Nun einen Teil der Füllung auf den ersten Boden legen, den zweiten Boden obenauf und den Vorgang wiederholen, einen Ring um den Kuchen legen und ab in den Kühlschrank. Während der Kuchen nun abkühlt, *60 g Mandelblättchen* in einer trockenen Pfanne leicht hellbraun werden lassen. Ist die Torte kühl genug, den Ring entfernen und die restliche Masse rundherum auf dem Rand verteilen. Zum Schluss die Mandeln darauf geben und mit *frischen Gänseblümchenblüten* obenauf der Torte den letzten Pfiff geben.

◌ Magie

Es gibt wohl niemanden, der das Rupf-Orakel für die Liebe nicht kennt: er/sie liebt mich – er/sie liebt mich nicht. Und wer die ersten drei Gänseblümchen des Jahres findet und verspeist, soll das ganze Jahr über von Zahnschmerzen und Fieber verschont bleiben.

Kalmus
(Acorus calamus)

$\mathcal{S}$eit dem 16. Jahrhundert bin ich in Mitteleuropa zu Hause. Ursprünglich stamme ich aus dem asiatischen Raum. Mein guter Ruf als Heil- und Würzpflanze sorgte dafür, dass ich mich in vielen anderen Ländern ausbreiten durfte. Für die Asiaten bin ich ein lebensverlängerndes Wunderkraut; mein hohes Ansehen bei ihnen ist mit dem des grünen Tees vergleichbar. Für die Indianer in Nordamerika bin ich ein wichtiges Ritualkraut; sie verwenden mich bei Schwitzhüttenritualen oder zu Räucherungen, um böse Geister zu vertreiben. In Europa werde ich medizinisch bei Magen- und Darmbeschwerden und wurde auch kulinarisch in verschiedenen Rezepten eingesetzt. Wie ich hörte, ist mein Einsatz in euren Küchen jedoch stark zurückgegangen. Wirklich eine Schande, denn ihr wisst gar nicht, was euch entgeht.

Meine Energie als Pflanze ist männlich, stark, selbstbewusst und klar. Seht meine schwertförmigen Blätter an, meine Blüte, die sich, einem Phallus gleich, gen Himmel reckt. Nicht einmal meine Wurzeln verstecke ich; sie können sichtbar über den Boden kriechen. Ich habe ein so ausgeprägtes Selbstbewusstsein, dass ich einfach davon ausgehe, ziemlich unverwüstlich zu sein. Ich weiß eben, dass ich gut bin und mir ein gewisser Status zusteht, weil meine Kräfte und mein Aussehen so fantastisch sind. Manche meiner Nachbarn nennen mich den Supermacho unter den Pflanzen. Das sagen sie zwar in einem leicht abfälligen bis ironischen Ton, aber wenn ich meine Blüte in ihre Richtung neige, bemerke ich sehr wohl, dass sich einige von ihnen bewundernd zu mir wenden oder sich leicht hellgrün färben vor Entzücken. Ja, so sind sie, die weiblichen Pflanzen; sie sagen das Eine und wollen das Andere, das habe ich längst durchschaut. Den Männern in der Menschenwelt will ich mal das Geheimnis meines Erfolgs verraten, falls ihr nicht von Natur aus so begnadet männlich seid wie ich, denn was bei weiblichen Pflanzen funktioniert, klappt bestimmt auch bei den weiblichen Menschen.

Wenn sich eine Frau auf eure Ansprache hin die Mühe macht, lang und breit zu erklären, warum sie kein Interesse an euch hat: dranbleiben! Denn wer so viel Zeit opfert, um eine Abfuhr zu erteilen, tut das nicht wirklich. Den Frauen, die erst einmal nervös schauen und versuchen, ein schüchternes Nein hervorzubringen, macht ihr am besten gleich ein Kompliment, nach dem Motto: Dass sie nicht zu den Frauen gehöre, die auf jeden dummen Anmachspruch reinfallen, habe man ja gleich gesehen, sie sei ja so herrlich natürlich. Sie vermittele allein durch die Art, wie sie ihr Getränk zu sich nimmt und sich umschaut den Eindruck, man könne sich mit ihr sehr gut unterhalten und quasi Pferde stehlen. Dann setzt gleich mit der Frage nach, was sie in der Stadt besonders gut findet, was sie sich schon angeschaut hat oder noch anschauen möchte. Fortsetzung fast garantiert. Eine kleine Warnung möchte ich euch aber noch mit auf den Weg geben: Finger weg von Super-Emanzen oder frisch Getrennten mit Kleinkindern, denn mit denen handelt ihr euch nichts als Ärger ein, gekoppelt mit explosionsartig ansteigenden Handyrechnungen und plötzlich auftretendem Freizeitmangel. Diese Informationen über das weibliche Verhalten bekomme ich immer gratis geliefert, da ich neben einer Bank wachse, auf der sich die Menschen oft niederlassen und unterhalten. Ich sage euch, ich bekomme Sachen zu hören, da würdet ihr mit den Ohren schlackern.

Da ich ein tolles Liebeskraut bin, haben mich die alten Ägypter schon als Aphrodisiakum benutzt, und auch ihr Menschen in Europa könnt euch dieser Energie nicht entziehen, wie man auf dem Bild der Malerin Beate Hübner erkennen kann. Das ist eine sehr erotische Darstellung von mir. Das Werk ist sogar nach mir benannt.

Wenn ihr mich verbrennt und für Räucherrituale verwendet, erkennt ihr die weiteren guten männlichen Eigenschaften: Ich beruhige die Verwirrten und sorge für einen freien, offenen Geist. Aufrichtigkeit und Stärke, Durchsetzungskraft und Klarheit, dafür stehe ich, das symbolisiere und vermittele ich.

ભ Man nennt mich auch
Deutscher Ingwer, Brustwurz, Magenwurz, Ackerwurz

ભ Wann und Wo
Die schwertförmigen Blätter des Kalmus können über einem Meter hoch werden, und seine Blüte entwickelt sich von Juni bis Juli. Er ist von Asien über Osteuropa zu uns gekommen und liebt das Wasser und die Feuchtigkeit.

○ Ernten und Verarbeiten

Die heilkräftige, würzig schmeckende Wurzel wird im März oder im Oktober/November geerntet. Von dem waagerecht kriechenden Wurzelstock entfernt man die Seitenstränge und kann die Wurzel dann frisch oder getrocknet verarbeiten. Frisch schmeckt sie sehr aromatisch, getrocknet ist sie milder.

○ Anwendungsbeispiele

Bestandteile und Inhaltsstoffe des Kalmus sind in Coca Cola, früher in Absinth, heute noch in Magenbitter und Parfüms zu finden. In der Traditionellen Chinesischen Medizin (TCM) ist Kalmus eine wichtige Heilpflanze mit der Eigenschaft „kalt"; er soll sich unter anderem positiv auf das Magen-Qi (den Energiefluss) auswirken und den Geist beruhigen. Er kann als Tee, Tinktur und Badezusatz angewendet werden.

○ Für die Gesunderhaltung

Bei Zahnschmerzen ist das Kauen auf einer Kalmuswurzel sehr hilfreich, und auch zahnenden Kindern soll die Wurzel Linderung verschaffen, nicht zuletzt wegen ihrer leicht beruhigenden Wirkung. Wer sich das Rauchen abgewöhnen möchte, kann ebenfalls auf die Wurzel zurückgreifen, sollte jedoch darauf achten, pro Tag nicht mehr als 5 cm davon zu kauen, da ihr ab dieser Größe eine halluzinogene Wirkung nachgesagt wird. Kalmus soll ähnlich wie Ingwer wirken, appetitanregend und kräftigend, löst Blähungen und lindert Verdauungsbeschwerden. Außerdem macht er gelassen und klar.

○ Für den Genuss

Getrocknete Kalmuswurzel kann man in der Küche wie Muskat verwenden.

Kalmuslikör

Einen sehr bekömmlichen Likör für den Magen erhält man, wenn man *3 EL getrocknete Kalmuswurzel, je 2 EL Fenchelsamen und getrockneter Minze* mit je *1 EL Nelken und getrocknetem Ysop und 250 g braunem Kandis* in ein Schraubglas gibt. Das Ganze mit *1 Flasche Wodka* auffüllen und dann 6 Wochen bei Zimmertemperatur durchziehen lassen. Nun alles abseihen, in eine Flasche umfüllen und weitere 3 Monate reifen lassen. Bei einer Magenverstimmung oder nach einem schweren Essen ist ein Schnapsgläschen voll Kalmuslikör ein sehr wirksames Mittel.

ॐ Magie

Stücke der Kalmuswurzel in die Kleidung eingenäht oder in einem Beutelchen am Körper getragen, sollen vor Krankheiten und Unheil schützen. In magischen Ritualen wirkt Kalmus stärkend und schützend. Glück soll dem hold sein, der ihn im Garten hat.

Löwenzahn
(Taraxcum officinale)

*J*edes Jahr bin ich einer der ersten Frühlingsboten. Es liegt mir viel daran, der Erste zu sein! Vielschichtig bin ich in meinem Wesen und hübsch anzuschauen, wenn ich meine gelben Blüten der Sonne entgegenstrecke oder meine Samen, kleinen Elfen gleich, durch die Lüfte fliegen. Ist euer Herz nicht von einem warmen Gefühl erfüllt, wenn ihr mich auf den Wiesen blühen seht?

Der Löwe in meinem Namen gibt jedoch zu erkennen, dass ich nicht nur hübsch anzuschauen bin, sondern auch Attribute wie Energie, Lebenskraft und Durchsetzungsvermögen mein eigen nenne.

Das Wort „Zahn" in meinem Namen weist euch darauf hin, dass ich mich überall und in jeder Umgebung durchbeißen kann. Meine Wurzeln gehen tief in die Erde und schaffen es problemlos, durch den kargen Boden die verborgenen Nährstoffe nach oben zu bringen, um die Gegend, die scheinbar tot war, mit dem Sonnenlicht meiner Blüten und dem saftigen Grün meiner Blätter zu beleben. Wer von euch kennt nicht das Bild einer einzelnen Löwenzahnpflanze, die sich durch den Asphalt gekämpft hat.

Ich bin zäh und möchte Spuren hinterlassen. Wer sich auf mich einlässt, wird sich an mich erinnern. Denn auf euren Händen hinterlasse ich hartnäckige Verfärbungen. Ihr erinnert euch bestimmt noch daran, als ihr Kinder ward und aus meinen Blüten hübschen Schmuck gebastelt habt. Ihr habt mit dem Daumen einen kleinen Schlitz in meinen Stängel gemacht, eine Blüte hindurch gezogen, wieder einen Schlitz gemacht und so fort, bis ihr eine wunderbare, leuchtend gelbe Blütenkette euer eigen nennen konntet. Je nach Bedarf konnte sie als Halskette, Armband oder gar als Blütenkrone dienen. Und wie hat eure Mutter dann geseufzt, als ihr mit prächtigem Blumenschmuck und hartnäckig verfärbten Händen nach Hause gekommen seid. Dem bleibenden Eindruck auf der Haut wurde dann mit Wasser, Seife und Bürste zu Leibe gerückt.

Ich bin nicht nur ein Bote des Frühlings, sondern auch Helfer bei allerlei Beschwerden. Bei mir seid ihr richtig, wenn euch Gallensteine, Gicht oder Rheuma quälen. Denn diese Krankheiten sind nichts anderes als gestaute Energien, die ich wieder in Fluss bringe. Auch der Leber und dem Blut helfe ich. Gemeinsam mit der netten Brennnessel und dem Bärlauch bilden wir ein unschlagbares Frühjahrskur-Gespann, das fit und munter macht."Bitter wie Galle", habe ich euch schon sagen hören, wenn ihr euch über meinem Geschmack unterhalten habt. In der Homöopathie wird Gleiches mit Gleichem behandelt. Wenn ich also bitter wie Galle schmecke, bin ich wahrscheinlich genau für diese Bereiche bestens geeignet, für Galle und Leber.

Allerdings kann ich nicht alle Bitterkeit nehmen, obgleich es für euch hilfreich wäre. Mit meinem bitteren Geschmack kann ich leider aus verbitterten Zeitgenossen nicht immer freundliche Mitmenschen machen. Dazu bedarf es bestimmt einer ganz besonderen Magie. Vielleicht weiß der mächtige Holunder ja Rat bei dieser Art von Problemen? Obwohl, mit Nichtigkeiten sollte man ihn nicht behelligen, er kann dann schon mal ziemlich ungehalten werden. Ja, so sind sie, die Mächtigen und Großen, kennen sich mit dem Tod und der Geisterwelt bestens aus, aber wie man mit blöden Nachbarn zurechtkommen kann, interessiert sie kein bisschen.

∝ Man nennt mich auch
Pusteblume, Kuhblume, Bettseichkraut, wilde Zichorie, Teufelsblume, Kettenblume, Franzosensalat, Augenwurz

∝ Wann und Wo
Von Anbeginn des Frühlings bis spät in den Herbst hinein kämpft sich diese zähe Pflanze selbst an den unwahrscheinlichsten Orten durch. Kein Boden ist ihr zu hart, kein Platz zu unbequem, sie ist praktisch überall in großer Zahl anzutreffen.

∝ Ernten und Verarbeiten
Die Blätter schmecken jung am besten. Die Blüten werden in der Mittagssonne gepflückt und dann frisch verarbeitet, die Wurzeln im Herbst ausgegraben. Blätter und Wurzeln können sowohl frisch und getrocknet benutzt werden.

∝ Anwendungsbeispiele
Dieses Kraut bietet mannigfaltige Möglichkeiten: Man kann daraus Salat, Gemüse oder Honig machen, einen entschlackenden Tee aus den Blättern bereiten, aus den Wurzeln eine Tinktur für die Le-

ber herstellen, und sogar als Kaffeeersatz ist diese Pflanze geeignet.

☙ Für die Gesunderhaltung

Durch die in ihm enthaltenen Bitterstoffe soll der Löwenzahn bei Gallensteinen, Appetitlosigkeit, Gicht und Rheuma hilfreich sein. Die Wurzel kann der Leber helfen, ein Tee aus den Blättern reinigt das Blut und wirkt harntreibend, daher auch die Bezeichnung „Bettseichkraut". Alles, was sich aus Brennnessel, Löwenzahn und Bärlauch zubereiten lässt, sollte man im Frühjahr so oft und vielfältig wie möglich genießen. Das vertreibt den Winter aus den Knochen und macht Körper und Geist frisch und munter.

Löwenzahntinktur

Ein Glas mit Schraubverschluss bis zur Hälfte mit getrockneten, kleingekackten Löwenzahnwurzeln füllen. Bis zum Rand mit Wodka aufgießen und einen Mondzyklus lang an einem warmen Ort ziehen lassen. Danach abseihen und in dunkle Flaschen füllen. 2 bis 4 Wochen lang 2 x täglich 5 – 10 Tropfen einnehmen. Gut für Leber, Galle und alle unterdrückten Emotionen.

☙ Für den Genuss

„Bittersüßer Genuss" – Löwenzahn-Süßkartoffelsalat

Man koche *2 mittelgroße Süßkartoffeln* und schneide diese, wenn sie ausgekühlt sind in Würfel. *500 g Löwenzahnblätter* nach dem Waschen fein schneiden wie Endiviensalat, dazu *1 kleine Salatgurke* und *1 rote Paprika in Würfel schneiden*. *1 große* in feine Ringe geschnittene *Zwiebel* wird in Öl angedünstet. Diese Zutaten vorsichtig miteinander vermischen. Nun ein Dressing aus *ca. 150 ml Gemüsebrühe, mildem Essig, Salz, Pfeffer, 1 Teelöffel Senf, ½ Becher Sahne* und *1-2 EL Öl herstellen*. Das Dressing über den zuvor liebevoll vermischten Salat geben und alles durchziehen lassen.

„Lamm trifft Löwe" – Lammkotelett an Löwenzahn

Aus sehr fein geschnittenen *jungen Löwenzahnblättern, 1 kleingehackten Zwiebel, 100 g gewürfeltem* ausgelassenem *durchwachsenem Speck (Dörrfleisch), Salz, Pfeffer, Olivenöl und rotem Balsamico-Essig* wird ein Salat zubereitet, der dann auf einer Hälfte der vorgewärmte Teller angerichtet wird. Nun werden die *Lammkoteletts* (bitte noch *mit Fettrand*, dem Geschmack zuliebe) in Oliven- oder Rapsöl scharf und kurz von beiden Seiten angebraten, dann erst Salz und Pfeffer darüber. Die Kottelets nun neben das Löwenzahnbouquet legen und auf das Fleisch ein Stück hausgemachte *Bärlauchbutter*.

„Zwergenglück" – Löwenzahnhonig

500 g in der Mittagssonne gepflückte *Löwenzahnblüten* mit dem *Saft 1 Zitrone* und *1 L Wasser* 20 Minuten kochen, anschließend 24 Stunden ziehen lassen. Dann abseihen, *1 Kg Rohrohrzucker* hinzugeben und einkochen, bis die Masse geliert, in Gläser füllen, beschriften, fertig. Eine Delikatesse, nicht nur auf frisch gebackenem Brot. Kleiner Tipp: Eine besonders magische Note erhält der Honig, wenn *1 Tonkabohne* von Beginn an mit gekocht wird.

ℭℛ Magie

Magisch kann die Löwenzahnwurzel den Menschen helfen sich zu erden, zu zentrieren und das Selbstwertgefühl zu stärken.

Die Wurzeln stehen im übertragenem Sinne für das Unterbewusstsein, die tief vergrabenen Seiten und Themen, die das Kraut ans Licht bringt. Anders ausgedrückt, ist der Löwenzahn ein Transformationskünstler, der uns helfen kann, Unsichtbares sichtbar zu machen, damit wir entscheiden können, was damit geschehen soll.

April

Aprilscherz – Fröhlichkeit – den Garten und das Feld bestellen – die Blüten an Sträuchern und auf den Wiesen erfreuen Auge und Herz

 Bärlauch • Feldthymian • Huflattich • Waldmeister

ℂℛ Körperübung „Sauna"

Eine wirklich gute Maßnahme, um den Effekt der unten erläuterten Mentalübung zu unterstützen, ist ein ausgiebiger Saunabesuch. Vorausgesetzt, man trinkt ausreichend und nimmt sich für alle Saunagänge, einschließlich der Ruhephasen, genügend Zeit, kann man den gesamten Organismus in Schwung bringen, Überflüssiges und Belastendes ausschwitzen und die Abwehrkräfte stärken. Nicht zu unterschätzen in unserer schnelllebigen Zeit ist eine angenehm erschöpfte Gelassenheit, die sich anschließend im ganzen Körper ausbreitet.

ℂℛ Mentalübung „Den geistigen Acker bestellen"

Man suche sich einen Platz in der Natur, von dem aus man in die Weite schauen kann, setze sich bequem hin und lasse den Blick schweifen. Dabei ruhig und tief in den Bauch atmen. In der Vorstellung sieht man den eigenen Geist (für manche ist die Vorstellung eines Gehirns hilfreich), der wie ein brachliegender Acker ist, auf dem es noch einiges aufzuräumen gibt, bevor man ihn bestellen kann.

Mit jedem Ausatmen werden nun alle überflüssigen Gedanken und uralte, verholzte Vorstellungen in die Weite entlassen. Jedes Ausatmen befreit und reinigt den geistigen Acker, bis er ganz jungfräulich ist und darauf wartet, bestellt zu werden. Aber nicht ungeduldig werden und erst einmal diese Leere und Klarheit genießen. Gesät wird in einer anderen Übung.

Bärlauch
(Allium ursinum)

$\mathcal{H}$ alt, stehen bleiben, genau da wo du jetzt bist, unter den Bäumen, und nicht wieder dahin gehen, wo sich die Sonne durch das Blätterdach kämpfen kann. Wo der Boden feucht und weich ist, genau da bin ich zu finden.

Wenn deine Nase sensibel genug ist, hast du meinen intensiven Geruch bestimmt schon bemerkt. Er erinnert an Knoblauch und verbreitet sich weit über mein eigentliches Pflanzenfeld hinaus.

Ich gehöre zu den starken Frühlingsboten. Was man schon an meinem Namen erkennen kann. Mit dem Wort „Bär" verbindet ihr das Attribut stark, und genau das bin ich auch. Ich dufte stark, ich wachse und verbreite mich stark und ich besitze starke heilende Kräfte. Diese Eigenschaften ziehen sich von der Wurzel bis zur Blüte. Alle meine Teile enthalten und entfalten den typischen Geruch und auch die kräftigende, reinigende und durchdringende Wirkung. Ich mache keine halben Sachen. Da wo ich bin, gibt es in kürzester Zeit eine ganze Armee von mir. Ich könnte es netter ausdrücken und Teppich oder großflächige Ausbreitung sagen, aber das liegt mir nicht wirklich, das Nette, meine ich. Das habe ich gar nicht nötig. Lass doch das mickrige Gänseblümchen nett sein oder die schwache Butterblume. Ich bin stark und dominant und kann dein Blut in Wallung bringen und Ablagerungen aus deinem Körper treiben. Sogar Vampire und andere Blutsauger flüchten vor mir. Und da soll ich bescheiden sein, ha!

Wenn du dich ängstlich oder schwach fühlst, solltest du dich auf mich einlassen. Ich verleihe Mut und Kraft, kann deinen, über den Winter schwach und empfindlich gewordenen Körper wieder stark und widerstandsfähig machen und wecke deine verborgenen Fähigkeiten zu tatkräftigem Handeln. Wenn du aber Bedenken haben solltest, wilde Pflanzen aus dem Wald zu essen, na gut, es soll mich inzwischen auch in Geschäften zu kaufen geben.

Du musst natürlich nicht auf meine Tipps hören. Und eigentlich bin ich auch gar nicht der hilfsbereite Typ. Dieses kleine Entgegenkommen meinerseits verdankst du der großen Eiche. Die sagte, ich könne mein Pflanzenkarma verbessern, wenn ich den Menschen ein paar nützliche Tipps gebe. Du weisst schon, wer in diesem Leben Gutes tut, erreicht im nächsten Leben eine höhere Stufe bla bla bla. Da hege ich bei einigen allerdings Zweifel. Stell dir mal vor, so etwas würde es wirklich geben. Dann müsste es doch eigentlich auch eine Zurückstufung geben, beispielsweise für schlechte Behandlung seiner Umwelt, auweia!

Wenn du nun genug von Karma gehört hast und stattdessen doch auf meinen Geschmack gekommen bist, lass dich warnen, es gibt da das hinterlistige Maiglöckchen, das mir ohne Blüte sehr ähnlich sieht. Wenn du das an meiner statt verspeist, ist es ein einmaliger Genuss.

Das mit dem Karma, was die Eiche mir da erzählt hat, lässt mich ja nicht los. Ich glaube, meine schlimmste Vorstellung von einer Herabstufung ist die, als Haselnuss wiedergeboren zu werden, vom schusseligen Eichhörnchen aufgesammelt, versteckt und dann nie wieder gefunden, gammle ich in der dunklen, moderigen Erde vor mich hin. Pfui Spinne, was für eine widerwärtige Vorstellung, oder? Ich glaube, ich übe besser mal die Sache mit der Karma-Verbesserung. „Hey, lieber Regenwurm, darf ich dich einladen, in meinem Wurzeln zu graben? Eh, Moment mal, hallo du da unten, du blöde Schnecke, du warst nicht gemeint! Hau bloß ab und wage es ja nicht, an meinen Blättern zu knabbern, sonst soll dich der....!"

☏ Man nennt mich auch

Hexenkraut, wilder Knofel, Bärenkraut, Bärenlauch, Hexenzwiebel, Latschenknofel, Rämschele, Wurmlauch, Zigeunerlauch

☏ Wann und Wo

Von April bis Ende Juni kann man den Duft des Bärlauchs in Wäldern mit feuchtem Boden wahrnehmen. Wenn die weißen Blüten aufgegangen sind, ist die Verwechslung mit den Maiglöckchen nicht mehr möglich. Vorher heißt es jedoch aufpassen und den Geruchstest machen. Verbreitet ist das würzige Kraut in ganz Europa.

☏ Ernten und Verarbeiten

Geeignet ist die gesamte Pflanze, von der Wurzel bis zur Blüte. Meist werden jedoch nur die Blätter gesammelt. Frisch schmecken und wirken sie am besten. Jedoch kann man einen Wintervorrat anlegen, indem man die Blätter in Öl einlegt oder sie einfriert. Getrocknet verlieren sie an Aroma.

⊂ℜ Anwendungsbeispiele
Äußerst vielfältig wird der Bärlauch in der Küche verwendet. Aber auch die Volksmedizin nutzt seine Wirkung und setzt ihn unter anderem in Form von Frischsäften, Umschlägen oder als Tinkturen ein.

⊂ℜ Für die Gesunderhaltung
Kaum ein Kraut ist so geeignet, einen Frühjahrsputz im Körper vorzunehmen wie der Bärlauch. Seine Wirkstoffe fegen die Adern durch, machen sie geschmeidig und durchlässig, lassen das Blut gut zirkulieren, versorgen den Körper mit viel Vitamin C, wirken antiseptisch und normalisieren die Darmflora.
„Bärlauch im Mai erspart das ganze Jahr den Arzt und die Arznei."

⊂ℜ Für den Genuss
Solange der Bärlauch wächst, sollte er bei vielen Speisen mit verwendet werden, kleingeschnitten in jeden Salat, frisch gehackt über gedünstetes Gemüse gestreut. Als Bärlauchbutter und -quark ist er ein ebensolcher Genuss wie zu Pesto verarbeitet und schließlich mit Pasta vermischt.

Bärlauchbutter
100 g frische kleingehackte Bärlauch Blätter werden mit *250 g Butter, Salz, Pfeffer* und ein *wenig Zitronensaft* verrührt. Die fertige Butter sollte gut verschlossen im Kühlschrank aufbewahrt werden, da der Duft sich überall ausbreitet. Der Vorteil: Auf diese Art und Weise werden sich keine Blutsauger in den Kühlschrank verirren.

„Erdapfel-Zauber" – Bärlauch–Kartoffelauflauf

1 Kg ausgekühlte Pellkartoffeln werden in Scheiben geschnitten, *3 große Zwiebeln* in Ringe geschnitten, die Zwiebeln in Öl hellbraun werden lassen, *3 Tomaten* in Scheiben schneiden, ungefähr *750 ml Soße* (Mehlschwitze) herstellen aus: *100 g Butter*, 2 gestrichenen EL Mehl, *ca. 500 ml Gemüsebrühe und 250 ml Milch*, diese dann mit *Salz, Pfeffer, Muskat* und *Sahne* abschmecken. Ein *großer Bund frischer Bärlauch* wird klein geschnitten. Nun immer im Wechsel in eine gefettete Auflaufform je eine Lage Kartoffeln, Zwiebeln, Tomaten, Bärlauch und Soße geben. Ganz zum Schluss eine Lage *geriebenen Käse* nach Wahl darüber und bei ca. 180 Grad eine halbe Stunde in den Backofen.

„Nixen-Glück" – Fischfilet im Bärlauchbett

Dieses Rezept eignet sich für die Grillsaison. Man nehme eine ausreichende Menge an großen *Bärlauchblättern, Fischfilet* nach Wahl, pro Portion 1 *kleinen Zweig Thymian, 2 Blätter Salbei* und ein wenig *frischen,* sehr fein gehackten *Ingwer.* Für jede Portion wird nun ein Stück Alufolie gut eingeölt, die Bärlauchblätter darauf verteilen, den Fisch obenauf, dann die Kräuter, den Ingwer sowie etwas *Salz und Pfeffer;* wer mag kann auch noch ein Stück Bärlauchbutter dazulegen. Nun wird der Fisch mit den Blättern eingerollt, aus der Alufolie ein schönes Päckchen gemacht und ab damit in die vorbereitete Grillglut.

Ein kleiner Tipp am Rande: Bärlauch unter das Hundefutter gemischt, soll Parasitenbefall vorbeugen. Scheinbar reagieren Parasiten ebenso wie Vampire und denken, nichts wie weg.

ଔ Magie

Wie oben bereits erwähnt, hält Bärlauch Vampire, schwarze Hexen sowie Parasiten jedweder Art fern. Wäre es vielleicht den Versuch wert, ihn bei schmarotzenden Kollegen oder sogenannten guten Freunden zu testen, die sich ständig das Auto ausleihen und es mit leerem Tank zurückbringen?

Feldthymian
(Thymus serpyllum)

Nein, wirklich auffällig bin ich auf den ersten Blick nicht. Ich zähle zu den wenigen immergrünen Pflanzen, und wenn sich meine wunderschönen, zahlreichen zartvioletten Blüten gebildet haben, dann gibt es Menschen, die sich zu mir herunterbeugen und mich pflücken. An ihrem sich langsam verklärenden Blick und den tiefen Atemzügen erkenne ich, dass sie meinen aromatischen Duft wahrgenommen haben, der euren Geist klärt und die Brust weit macht. Aber ich dufte nicht nur herrlich, ich schmecke auch so.

Für die verschiedenartigsten Dinge wurde ich benutzt. Hildegard von Bingen beschrieb mich als warm, trocken und gemäßigt, was immer das auch heißen mag, denn manchmal werde ich auch ganz schön nass auf den Wiesen. Die Griechen sollen mich verwendet haben, wenn es ihnen an Mut und Stärke fehlte, und die Ägypter nahmen mich und viele andere Pflanzen, um ihre Toten zu waschen und anschließend einzubalsamieren.

Aber heute werde ich überwiegend als Würzkraut eingesetzt. Wenn ich so recht darüber nachdenke, schlägt man mit dieser Variante auch gleich mehrere Fliegen mit einer Klappe, wie es bei euch so schön heißt. Nehmt ihr mich sehr häufig als köstliches Würzkraut und verspeist mich regelmäßig, stärkt dies dann nicht auch euren Mut? Also dann, nichts wie ran an die vielen Rezepte, in denen ich eine Hauptrolle spiele: Pastasoßen mit Thymian oder Wildschweinbraten mit ganz viel Thymian, dazu Paprika-Fenchel Gemüse mit Thymian und als Dessert halbfester Schokokuchen mit Schattenmorellen in einer Rotweinkräutersoße ... sabber, sabber. Ja, da kann einem schon das Wasser im Munde zusammenlaufen. Ich glaube allerdings, der Platz, den man mir hier zur Verfügung gestellt hat, reicht nicht für alle Rezepte. Das müssen wir an anderer Stelle einmal nachholen, versprochen.

Ist euch schon einmal aufgefallen, dass es mit der Farbe Violett eine besondere Bewandtnis hat? Bei uns Pflanzen ist es so, dass viele gute Heilkräuter, die diese Blütenfarbe ihr eigen nennen, auch über ähnliche Eigenschaften verfügen. Das mag ja reiner Zufall sein. Vielleicht plaudere ich ja gar nichts Neues aus, wenn ich verrate, dass geistige Größe, tiefe Erfahrung, Enthaltsamkeit, Okkultismus, Kreativität, Fantasie und Macht nur einige der Attribute sind, die in eurer Menschenwelt mit dieser Farbe in Verbindung gebracht werden.

Violett ist die Heilfarbe des Geistes, eine würdevolle Farbe, die meditative Wirkung hat und auch schmerzstillend sein soll. Ja, und solch wunderbare Eigenschaften trage dann wohl auch ich in mir und bin doch bescheiden geblieben, genau wie meine Heilpflanzenschwestern und -brüder Lavendel, Salbei und Rosmarin. Ich mag klein sein und nicht hoch hinaus wachsen, aber ich trage große Kräfte in mir. Ich kann Gegensätze vereinen und werde daher bei Menschen, die sich mit den Sternen und der Astrologie beschäftigen, gleichzeitig dem Mars und der Venus zugeordnet, sprich dem männlichen wie auch dem weiblichen Prinzip. Der Mars ist der Mann unter den Sternen, mit den dafür typischen Eigenschaften wie Durchsetzungskraft, Kampfgeist, Eroberungswille; die Venus ist die Frau und zeichnet sich durch Hingabe und Liebesfähigkeit, Fürsorge und Erotik aus. Falls das nun stimmt, was diese Astrologen sagen, bedeutet es, dass ich all das in mir vereint habe? Dann ist ja ganz schön was los in mir. Gut, dass ich das nicht wirklich mitbekomme; würde mich sonst doch stark verwirren – männlich, weiblich und der ganze Kram. Da stehe ich lieber ganz unbedarft und ahnungslos am sonnigen Wegesrand und blühe einfach vor mich hin.

℞ Man nennt mich auch
Quendel, Kuddelkraut, gemeiner Thymian, milder Thymian

℞ Wann und Wo
Dieser immergrüne Bodendecker mit seinen niederliegenden Zweigen wird bis zu 20 Zentimeter hoch, entwickelt zum Teil verholzte Äste, an denen sich rundherum zahlreiche, winzige grüne Blätter und zur Blütezeit von Juni bis September viele kleine helllila Blüten bilden. Er lässt sich in ganz Europa an trockenen, sonnigen Stellen finden.

℞ Ernten und Verarbeiten
Die frischen Triebe und Blätter werden ab dem Frühjahr geerntet. Die hübschen Blüten können ebenfalls verwendet werden und eig-

nen sich dann als essbare Dekoration. Der Thymian ist frisch ebenso wie in getrocknetem Zustand zu verwenden. Zum Trocknen kann man ihn in Bündeln aufhängen oder ausgebreitet auf einem Blech bei 50 Grad in den Backofen legen.

ଔ Anwendungsbeispiele
Aus der mediterrane Küche ist der Thymian ebenso wenig wegzudenken wie der Hopfen aus dem Bier. Medizinisch wird er als Tee, Hustensaft und wohltuender Badezusatz eingesetzt.

ଔ Für die Gesunderhaltung
Der Feldthymian wirkt insgesamt etwas milder als der herkömmliche Thymian. Ein Tee aus ihm und auch Badezusätze wirken sich vorteilhaft auf die Atemorgane aus. Daher hat er sich als Hustenmittel bewährt und soll auf den Magen- und Darmtrakt ausgleichend und regulierend wirken.

ଔ Für den Genuss
In der italienischen Küche ist der Thymian sehr häufig anzutreffen. Fleisch schmackhaft damit mariniert, ist ein wahrer Genuss. Hier das Rezept für eine

Fleischmarinade
Man nehme *je 1 EL Tomatenmark, Honig, getrockneten Thymian und Dost* (wilder Oregano), verrühre alles mit *2 EL trockenem Rotwein und 3 EL Olivenöl.* Ein Fleischstück nach Wahl wird damit eingerieben und 2 – 3 Stunden in den Kühlschrank gestellt.

„Wilder Schweinebraten"
Folgende Zutaten werden benötigt: *Ein Bratenstück nach Wunsch, 3 Zwiebeln, 3 Knoblauchzehen, 1 rote Paprikaschote, 2 Tomaten, 1 Stück frischer Ingwer, 3–5 getrocknete Chilischoten, 2 Lorbeerblätter, 1 Bund*

frischer Thymian, 1 kleiner Bund Ysop (wahlweise Rosmarin) frisch oder getrocknet, 5 große Salbeiblätter, Olivenöl zum Anbraten, Rotwein, Tomatenmark, Sahne, Salz, Pfeffer, Paprika edelsüß.

Das Bratenstück wird mit oben genannter Mischung mariniert, anschließend in Öl rundherum angebraten, die gehackten Zwiebeln dazu, anschmoren lassen; die klein geschnittene Paprikaschote und Tomaten werden um das Fleisch gelegt. Die Kräuter fein hacken und ebenfalls dazu. Einen kräftigen Schuss Rotwein angießen, Deckel drauf und ab in den Ofen damit. Bei 130 Grad gaaaanz langsam schmoren lassen.

Man rechnet pro Kilogramm Fleisch ungefähr 75 Minuten Garzeit.

Danach Fleisch aus dem Topf nehmen, warm stellen, Soße reduzieren, mit Tomatenmark binden und mit den Gewürzen und der Sahne abschmecken.

Thymianöl

Es wird eine leere Flasche mit weiter Öffnung benötigt. In diese füllt man *einige Zweige Thymian, 2 Zehen Knoblauch, 1 rote Chilischote, 1 Zweig Rosmarin* und *die Schale einer unbehandelten Zitrone.* Nun das Ganze mit einem *guten Olivenöl* auffüllen. Die Flasche verschließen und warten. Nach etwa 10 Tagen hat das Öl ein schönes Aroma entwickelt, das mit jedem folgenden Tag intensiver wird. Es ist zum Braten von Fisch und feinem Fleisch ebenso geeignet wie für Salate.

ᘓ Magie

Der Duft des Thymians öffnet das Herz und macht den Kopf frei. Daher ist er in Räuchermischungen eine gute Beigabe, wenn es um die Liebe und klare Gedanken geht.

Huflattich
(Tussilago farfara)

D a bin ich schon eine der ersten Pflanzen des Jahres, aber wirklich gewürdigt werde ich nicht. Der Löwenzahn hat mir den Rang in puncto Bekanntheit und Beliebtheit wohl bei euch abgelaufen, wobei er doch ebenso bitter schmeckt wie ich, und gelbe Blüten habe ich schließlich auch. Warum kennt und mag man mich dann nicht ebenso? Nur weil ich den umgekehrten Wachstumsrhythmus gewählt habe und zuerst mit meinen Blüten die Frühlingssonne begrüße und dann erst meine Blätter hervorkommen?

Es gibt noch ein paar andere Unterscheidungsmerkmale zum Löwenzahn. Seine Wurzeln ragen spitz und tief in den Boden, meine hingegen breite ich unauffällig, aber mächtig bis zu einem Radius von 1,80 m aus. Ja, da staunt ihr! Wo ich einmal den Boden durchdrungen habe, da bekommt man mich so schnell nicht wieder weg.

Für die Gesunderhaltung eurer Bronchien scheine ich sehr wertvoll zu sein. Meine getrockneten Blätter rauchte man früher. Nein, nicht der halluzinogenen Wirkung wegen. Die zählt nicht zu meinem Gebiet, dafür sind eher Hanf, Fliegenpilz und Stechapfel zuständig. Mein Rauch soll heilende Kräfte bei Hustenbeschwerden entfalten. Wenn ich jedoch die heutigen Anti- Rauch-Kampagnen so betrachte, denke ich, dass meine Zeit als rauchendes Hustenmittel wohl vorbei ist.

Die Blütenfarbe Gelb wird bei euch Menschen oft mit Lebensfreude, Licht, Wärme und Helligkeit assoziiert, meine hufeisenförmigen Blätter, die auf der Unterseite behaart sind und einen leichten Grauton aufweisen, mit Glück. Lasst euch eines sagen, wirkliches Glück und wahre Lebensfreude lässt sich nicht auf wackeligen Beinen ohne festen Halt finden. Das könnt ihr an meinem Wuchs und den Wurzeln erkennen. Denn ich bin mit der Erde, dem Irdischen sehr fest verbunden, mich bläst so leicht kein Frühlings- oder Lebenssturm um. Übrigens, dass mich manche von euch „des Wanderers Klopapier" nennen, finde ich gar nicht lustig. Ich tauge ja wohl zu mehr!

෬ Man nennt mich auch
Hufblatt, Plotschen, Hustenkraut, Brustlattich, Tabakkraut, Pferdefuß

෬ Wann und Wo
Die Besonderheit des Huflattichs ist es, dass er zuerst mit seinen gelben Blüten das Jahr begrüßt. Dies geschieht je nach Witterung

von Februar bis April. Nach dem Verblühen wachsen die hufeisen-förmigen Blätter. Die Pflanze wird 10 bis 20 cm hoch und ist auf kargen Böden in ganz Europa, Nordamerika und Nordasien in Höhen bis zu 2.300 Meter zu finden. Huflattich ist an Bahndämmen, auf Schutthalden oder Wegrändern anzutreffen.

∞ Ernten und Verarbeiten
Gesammelt und weiterverarbeitet werden in erster Linie die Blätter, die man frisch oder getrocknet verwendet.

∞ Anwendungsbeispiele
Huflattich wurde als ideales Hustenmittel (Brustlattich) bezeichnet. Innerlich und äußerlich sollen die Blätter bei Entzündungen und Verbrennungen helfen. Sogar als Tabak ist er verwendet worden, wobei man bei den enthalten Bitterstoffen wohl eher nicht von einem wahren Tabakgenuss ausgehen kann.

∞ Für die Gesunderhaltung
Wer unter Reizhusten oder festsitzendem Husten leidet, für den ist ein Tee mit Huflattich oder ein Sirup genau das Richtige. Schon Hippokrates (460 – 377 v. Chr.) hat ihn als Heilpflanze erkannt und eingesetzt.

„Ich mach dich gesund"-Hustensirup
Man erhitze *1 Glas Honig (400 g)*, gebe je *1 EL frischen Ingwer, getrockneten Huflattich, Thymian und Ysop* dazu, lasse alles ca. 5 Minuten aufwallen, abkühlen und 24 Stunden durchziehen. Dann noch einmal erwärmen und abseihen. Bei Erkältungen und Husten täglich bis zu 3x einen Teelöffel pur, oder besser in heißem Wasser oder Tee aufgelöst trinken.

❧ Für den Genuss

Da Huflattich einen bitteren Geschmack besitzt, ist er nicht unbedingt als kulinarische Bereicherung zu betrachten. Jedoch freut sich die unreine und gestresste Gesichtshaut über ein Dampfbad aus Huflattich-Blättern, Thymian und Ringelblumen.

❧ Magie

Aus den hufeisenförmigen Blättern hat man die Verbindung zum Glück abgeleitet, und ein Stück der Wurzel bei sich zu tragen, soll zusätzlich das Durchsetzungsvermögen und die Widerstandskraft stärken.

Waldmeister
(Galium odoratum)

Juchu, da bin ich! Ich recke mich und strecke mich, endlich ist es Frühling. Hier bin ich nun, das Gute-Laune-Kraut der Natur. Mit mir kommt die Fröhlichkeit, die Leichtigkeit und manches Mal auch der Leichtsinn ins Leben. Ich bin sehr gesellig und stehe nicht gerne einsam in der Waldgegend herum, sondern fühle mich in großen Gruppen wohl. Das Einzelgängertum überlasse ich Pflanzen wie der Königskerze, die mag es, groß, auffällig und allein zu stehen. Ich liebe es jedoch, meine Kräfte durch großflächige Ausbreitung zu potenzieren. Wer von euch hat bei einem Waldspaziergang nicht schon einmal mein unverwechselbares Aroma wahrgenommen? Es kommt am stärksten zum Tragen, wenn mein letztes Stündlein geschlagen hat und ich beginne zu welken und zu vergehen. Ist das möglicherweise der Grund, warum ich so lebensfroh bin und auch in euch Menschen, wenn ihr mich genießt, Wohlbefinden und Leichtigkeit hervorrufe? Ich bin mir der Vergänglichkeit bewusst und deshalb lebe ich prall und ganz und habe am Ende nichts zu bereuen. Im Gegenteil, ich habe noch viel zu geben: mein Aroma, das sich, indem ich sterbe, erst wirklich entfaltet.

Ich pflege auch sehr gute nachbarschaftliche Beziehungen im Wald. Um eine davon beneidet ihr mich wahrscheinlich sehr. Jedoch nicht, weil ihr euch mit ihnen so gerne austauscht wie ich – das ist euch ja nicht möglich, mit Pflanzen zu sprechen, oder doch? Sie wissen eine Menge und sind gute Geschichtenerzähler. Um wen es sich dabei handelt, wollt ihr wissen? Na, dann ratet doch mal: Das, was von ihnen an der Oberfläche sichtbar ist, macht den kleinsten Anteil von ihnen aus. Wer ist das? Es handelt sich um den allseits so beliebten Steinpilz, mit dem ihr euch wohl nicht unterhalten, sondern den ihr lieber verspeisen möchtet. Denn da, wo ich stehe, kommen früher oder später auch meine Freunde, die Steinpilze hin. Da sie sich weitflächig unter der Erde ausdehnen, entgeht ihnen fast nichts von dem, was im dunklen Erdreich so passiert. Ganz gleich, ob es sich um die Wanderung der Regenwürmer handelt, die vor einem Heer frecher, halbwüchsiger Krähen flüchten mussten, oder um die Vorkommnisse im Fliegenpilzhexenkreis kaum drei Lichtungen weiter (wo es in der letzten Vollmondnacht zu einem denkwürdigen Treffen einiger Menschen kam, die nach dem reichhaltigen Genuss von Alkohol wohl plötzlich laut kreischend auseinander gestoben sein müssen, weil sie glaubten, sie hätten den leibhaftigen Teufel gesehen). Ihr könnt euch vorstellen, dass wir der Geschichte wie gebannt gelauscht haben. Apropos Teufel, diesen Begriff habe ich schon häufiger vernommen, kann ihn aber nicht zuordnen. Es muss sich um etwas sehr Angsteinflößendes handeln. Vielleicht kommt er in Gestalt einer überraschend klirrenden Frostnacht, die mir, obwohl schon Frühling ist, das Lebenslicht auslöschen kann, oder als böser Baumgeist aus der verkrüppelten Eiche, der Pflanze, Tier und Mensch bei starkem Nebel im Wald zu Tode erschrecken kann. So in dieser Art stelle ich mir euren Teufel vor. Der Steinpilz erzählte uns dann aber weiter, dass es sich gar nicht um den Teufel gehandelt hat, dort in dem Fliegenpilzhexenkreis. Der alte Wildschweinkeiler streifte durch das Dickicht und gab ein paar Laute von sich, und schon sind die Menschen in großer Angst und Panik von dannen gerannt, als wäre besagter Teufel hinter ihnen her. Könnte die Geschichte mit dem Baumgeist dann in Wirklichkeit vielleicht auch ganz anders sein?

Die anderen Spielkameraden des Waldes, die sich auch sehr gerne bei mir aufhalten und sehr nett und harmlos sind, werden von euch Menschen nicht wahrgenommen. Obwohl manchmal Kinder oder sehr erwachte Seelen sich diesen Blick durch die Welten noch bewahrt haben. Sie sehen die Feen, Elfen, die Zwerge und noch andere Gestalten der Naturgeister, die sich auch alle gerne in unserer Nähe aufhalten.

Wir Waldmeisterpflanzen sind verspielt und voller Freude, heilkräftig und aufmunternd, zu jedem Spaß aufgelegt und lassen uns von euch sogar in Alkohol ertränken. Ja, so sind wir, lustige und zugleich aufopfernde Zeitgenossen.

❧ Man nennt mich auch
Maikraut, Waldtee, Herzkraut, Leberkraut, Tabakskraut

❧ Wann und Wo
Die 10 bis 15 cm hohe Pflanze mit ihren Blätterkränzen und kleinen weißen Blüten ist von April bis Ende Juni in Laubwäldern an halbschattigen Plätzen in Nord- und Mitteleuropa anzutreffen.

○꒱ Ernten und Verarbeiten

Die Pflanze wird vor der Blüte geerntet und getrocknet. Bei dem Trocknungsprozess wird das typische Waldmeisteraroma freigesetzt. Man sagt dem Waldmeister nach, dass er bei zu hoher Dosierung oder wenn er zu lange zieht (beispielsweise in der klassischen Maibowle) Kopfschmerzen verursachen kann. Es mag natürlich auch auf die Menge der Bowle ankommen, die man zu sich nimmt.

○꒱ Anwendungsmöglichkeiten

Das enthaltene Cumarin wird in der Industrie als Parfümzusatz sowie als Geschmacks- und Aromastoff bei Magenbittern und Kräuterlikören eingesetzt – und natürlich auch in der Bowle. In Kräutersäckchen vertreibt er die Motten aus dem Kleiderschrank.

○꒱ Für die Gesunderhaltung

Ein Tee aus Waldmeisterblättern oder ein Duftkissen aus dem getrocknetem Kraut wirkt entspannend und beruhigend.

○꒱ Für den Genuss

„Walpurgis-Aufstrich"

In *0,75 l Weißwein* wird *1 Bund getrockneter Waldmeister* 2 Tage ziehen lassen. Danach wird der Weißwein mit *1 Kg Gelierzucker* und dem *Saft 1 Zitrone* nach Anleitung aufgekocht und dann in Gläser mit Schraubverschluss gefüllt. Das Ergebnis ist ein sehr köstliches Gelee, das nicht nur auf Brot, sondern auch zu Ziegenkäse ganz vorzüglich schmeckt.

○꒱ Magie

Wenn der Wald stark nach Waldmeister duftet, steht Regen bevor, so eine alte Regel. Wer sich ein Sträußchen der frischen Maikräuter an den Innenspiegel des Autos hängt, hat lange Freude an dem sich immer wieder neu entfaltenden Duft. Gute Laune vorprogrammiert.

Mai

Fruchtbarkeit – überschäumende Freude – Blütenpracht – pralle
Natur – Sinnlichkeit – Paarungszeit

 Kerbel • Klee • Veilchen • Zinnkraut

∾ Körperübung „Schüttel deinen Speck"

Man lege eine CD mit lateinamerikanischer Tanzmusik (Samba oder Salsa) ein,
trage bequeme Kleidung, im Idealfall keine Schuhe, drehe die Musik richtig laut
auf und tanze mindestens drei Stücke lang wild und ausgelassen durch die Wohnung. Springen, mit den Füßen stampfen, provozierend mit den Hüften schwingen,
sich im Kreis drehen, das Becken kreisen lassen, dazu laut singen – das sind nur
ein paar Möglichkeiten, wie man seinen hoffentlich heißgeliebten Speck schütteln
kann. Und lacht und amüsiert euch dabei.

∾ Mentalübung „Tagtraum"

In einem ruhigen Moment (manchmal muss man sich den erkämpfen) legt man
sich auf den Boden, die Couch oder in die Hängematte, wo auch immer, nur ungestört sollte der Platz sein. Vor dem geistigen Auge sieht man sich nun selbst in
luftiger Kleidung über eine blühende Wiese laufen (Pollenallergiker stellen sich
besser einen wunderschönen breiten Sandstrand vor). Viele andere fröhliche Menschen sind mit dabei. Man trifft sich an einer reich gedeckten Tafel unter freiem
Himmel, nimmt Platz isst und trinkt. Es wird musiziert, gelacht, getanzt und ge-
scherzt und du bist mittendrin. Mit dieser ausgelassenen, heiteren Stimmung
kommst du nun langsam wieder ins Hier und Jetzt, und der Rest des Tages wird
zauberhaft.

Kerbel
(Anthriscus sylvestris)

Wie so viele andere Kräuter, habt ihr auch mich kultiviert. Dieser Akt der Zähmung hat jedoch keine Schwächung meiner Attribute und Eigenschaften zur Folge, obwohl man sich als Kraut fragen könnte, warum ihr Menschen diesen Hang in euch tragt, alles, was euch nützlich, schmackhaft oder gefährlich erscheint, zähmen und einsperren zu wollen. Dinge einfach sein lassen, zählt wohl nicht zu euren Stärken? Da kann man wirklich nur hoffen, dass ihr mit euresgleichen toleranter verfahrt. Wie bitte, was sagst du? Einen

Augenblick, der Schnittlauch aus meiner Nachbarschaft behauptet gerade, ich wäre aus gutem Grunde gezähmt worden. In der freien Natur scheine ich wohl einen giftigen Doppelgänger zu haben, den Wasserschierling. Aha, und nun soll ich begeistert sein über mein kultiviertes, eingezäuntes Leben?

Nun ja, im Grunde ist es mir einerlei, wo ich gedeihe, denn ich weiß um meine Qualitäten. Auffallen werde ich im Garten oder auf der Wiese nicht. Meine Gestalt ist weder besonders kräftig noch stechen meine Blüten ins Auge. Auch besitze ich keine auffälligen Abwehrmechanismen, wie Stacheln, oder verursache unangenehmes Brennen. In meinem Inneren sitzt mein wahrer Schatz, mein unverwechselbares Aroma, mein Geschmack, der dich auf immer neue kulinarische Ideen bringt, der deinen Kopf frisch und den Körper gesund erhält. Ja, das alles verbirgt sich hinter meinem unscheinbaren, zarten Äußeren. Wenn du mich in deinem Garten haben möchtest, solltest du beim Aussähen bedenken, dass ich ein Lichtkeimer bin. Will heißen, bitte nicht in die dunkle Gartenerde eingraben. Streu mich locker aus, halte mich schön feucht und die Vögel fern, und schon werde ich wachsen und gedeihen. Bei der Verwendung in der Küche beachte, dass mein köstliches Aroma sehr flüchtig ist. Also meide es, mich zu erhitzen, und genieße mich frisch, so wirst du am meisten von meinen gesunden Wirkstoffen profitieren.

Im meiner Gestalt ähnele ich ein wenig der glatten Petersilie. Meinen Geschmack beschreiben manche als eine Mischung aus Anis und Petersilie. Vielleicht gelingt es dir, einen eigenen Geschmacksausdruck für mich zu finden, das würde mir sehr schmeicheln. Kleine Hilfestellung gefällig? Wie klingt das Wort kerbilianisch in euren Ohren? Ist das nicht ein schöner Kunstausdruck, um mein Aroma zu beschreiben? Es gibt in deiner Welt auch einen französischen Ausdruck, der mit mir in Verbindung steht und in der Küche oft gebraucht wird. „Fines herbes" soll übersetzt einfach „feine Kräuter" heißen und besteht in der ursprünglichen Grundversion als Kräutermischung aus Petersilie, Schnittlauch, Estragon und natürlich mir, dem Kerbel. Ihr verwendet sie gerne für helle Fleischgerichte, Fisch, Kräuterquark, Salatsoßen und vieles mehr.

ଔ Man nennt mich auch
Gartenkerbel, französische Petersilie

ଔ Wann und Wo
Gartenkerbel ist ein einjähriges, der Wiesenkerbel ein mehrjähriges Kraut. Er kam wahrscheinlich ursprünglich aus Südrussland und wurde von den Römern zu uns gebracht. Das Kraut blüht von Mai bis Juni und wird 60 – 120 cm hoch. Der hier beschriebene Kerbel ist die kultivierte Art und wächst in sonnigen Bereichen des Gartens.

ଔ Ernten und Verarbeiten
Kerbel sollte vor der Blüte gesammelt und möglichst nur frisch verarbeitet werden, da er im getrockneten Zustand sein Aroma größtenteils verliert. Ihn frisch einzufrieren, ist eine gute Möglichkeit, selbst in der dunklen Jahreszeit sein unverwechselbares Aroma genießen zu können.

ଔ Anwendungsbeispiele
In der Küche ist Kerbel als Gewürzkraut kaum wegzudenken und passt hervorragend zu Fisch, hellen Soßen, Eierspeisen und Spargelgerichten. In der Naturheilkunde schätzt man seine wohltuende Wirkung auf Leber und Nieren. Außerdem sagt man ihm blutbildende und blutreinigende Eigenschaften nach, weshalb man ihn auch bei unreiner Haut und Abszessen eingesetzt hat.

∝ Für die Gesunderhaltung

Kerbelschnaps
Eine Handvoll frischer Kerbel (50-80 g) wird mit *1 L Wodka* oder anderem hochprozentigem Schnaps übergossen und in einem gut verschlossenem Gefäß *7 Tage ziehen lassen.* Das Ganze sollte eine herrlich gruselige, kräftig grüne Farbe annehmen. Nach dem Abseihen den Schnaps noch *einmal einen Mondzyklus lang ziehen* lassen (28 Tage). Ein kleines Gläschen ist eine Hilfe für den Magen, der ein schweres Essen zu verdauen hat.

∝ Für den Genuss

Kerbelbutter
Ein üppiger Bund frischer Kerbel wird kleingehackt und mit *250 g weicher Butter, Salz* nach Geschmack und *einem Spritzer Zitrone* verrührt – fertig ist der schmackhafte Begleiter zu gebratenem Fisch oder gedünstetem Spargel.

Kräutermischung „Fines herbes"
Je 1 Teil Kerbel, Schnittlauch, Estragon und 2 Teile Petersilie waschen und kleinschneiden, mischen und frisch für viele Gerichte verwenden (siehe oben).

∝ Magie
Die Pflanze unterstützt alle, die nach außen hin zart und verletzlich wirken und ihre innere Stärke nicht zeigen können. Wer viel von dem genannten Kraut verwendet, wird in diesem Bereich Veränderungen bewirken.

Rotklee
(Trifolium pratense)

Seht her, ich bin etwas ganz Besonderes, jawohl! Nicht, dass ich durch Wuchs, Geruch oder besondere Blütenpracht hervorstechen würde, nein. Ich besitze die Fähigkeit zu regulieren, zu verbessern und Glück zu bringen. Dort wo ich wachse, sorge ich für ein gutes Bodenklima. Außerdem bin ich ein großer Anziehungspunkt für Insekten, die sich gerne auf mir tummeln. Wenn ein Imker die Möglichkeit hat, einen fast reinen Kleehonig zu schleudern, kann er sich glücklich schätzen. Dieser Honig ist sehr schmackhaft, nicht zu vergleichen mit dem einfachen Rapshonig, auch ein wenig anspruchsvoller als ein reiner Blütenhonig, ohne dabei so herb zu schmecken wie der Waldhonig, eben einfach etwas Einmaliges. Und mein hormoneller Inhaltsstoff, wie ihr ihn nennt, hat eine regulierende Wirkung – regulierend im Sinne von weniger fruchtbar, wie eure Wissenschaftler festgestellt haben. Sie haben beobachtet, dass Tiere, Schafe und Ziegen, vielleicht auch Kühe, die eine Menge Klee auf den Wiesen zu fressen hatten, weniger Nachwuchs bekamen. Was soll uns diese Erkenntnis nun sagen? Mir natürlich nichts, denn mir kann es völlig schnurz sein, ob sich eure Tiere vermehren oder nicht. Aber euch Menschen, die ihr sie als Fleisch-, Milch-, und Wolllieferanten züchtet, euch kann es nicht egal sein. Es würde mich interessieren, was ihr mit diesem Wissen macht. Bekommen die Menschen in Afrika und Indien vielleicht Rotkleebonbons als Verhütungsmittel untergejubelt oder füttert ihr eure Wildschweine im Winter mit mir, damit sie nicht mehr so zahlreich die Felder verwüsten können? Das wiederum würde die Jäger vielleicht ärgern, da sie in diesem Falle weniger abzuschießen hätten. Höre ich da etwa Kritik an meinen Äußerungen? Na gut, es mag ja sein, dass ich manchmal mit böser Pflanzenzunge spreche. Ich bin ja auch schon wieder still, denn eigentlich freue ich mich, einfach auf der Wiese zu wachsen und ein beschauliches Pflanzenleben führen zu können. Vielleicht habe ich heute einfach einen schlechten Tag, sorry.

Aber nun zu meiner Glücksformel. Wohl ein jeder von euch hat schon einmal Ausschau gehalten nach der Kleepflanze, die vier statt nur drei Blätter hat, weil ihr davon überzeugt seid, dass euch dies Glück bringen wird. Soll ich euch zu diesem Thema nun einmal die Wahrheit sagen, wo wir gerade so intim plaudern? Ja, es stimmt, ich bringe euch Glück. Warum das so ist? Ich könnte mir jetzt viele gute Gründe ausdenken: dass die Feen mir diese Gabe verliehen haben, dass die Zwerge vor langer Zeit mal einen guten Tag hatten und in meine vierblättrigen Varianten das Glückskorn eingesetzt haben oder dass die Waldhexe eine Wette gegen den Wiesengnom verloren hat und dies ihr Wetteinsatz war. Aber nein, es ist ganz anders.

Du bist es selbst. Deine eigene starke Vorstellungsgabe und der Glaube daran sorgt dafür, dass das Glück bei dir Einzug hält, wenn du nur wirklich, wirklich ganz fest daran glaubst, sobald du ein vierblättriges Kleeblatt gefunden hast. Ich kann eigentlich gar nichts dafür.

∞ Man nennt mich auch
Wiesenklee, Futterklee, Hummelklee

∞ Wann und Wo
Diese ausdauernde Pflanze zeigt ihren fleischroten, kugeligen Blütenkopf von Mai bis September in ganz Europa auf fetten Wiesen und Weiden.

∞ Ernten und Verarbeiten
Die Blüten und das Kraut können sowohl frisch als auch getrocknet als Tee oder essbare Verzierung verwendet werden.

∞ Anwendungsbeispiele
Rotklee besitzt ein pflanzliches Hormon (Isoflavon), das fünfzig Mal stärker und besser biologisch verfügbar sein soll als Soja, sodass er bei Wechseljahrbeschwerden und Osteoporose sehr hilfreich sein kann. Zudem soll das Kraut die Lebertätigkeit fördern, bei rheumatischen Beschwerden helfen und eine allgemein stärkende Wirkung haben.

∞ Für die Gesunderhaltung
Bei Milchdrüsenentzündungen haben sich Umschläge mit Rotklee bewährt.

⊱ Für den Genuss

„Wasserlass-Salat" – Spargelsalat mit Rotklee
500 g Spargel schälen, in mundgerechte Stücke schneiden, bissfest garen, abgießen (das Kochwasser auffangen, ergibt eine tolle Suppe), *1 Bund Petersilie* kleingehackt dazu, ca. *5 Radischen* in Scheiben schneiden, alles mit *Salz und Pfeffer* abschmecken und *eine Hand voll Kleeblüten* darüber verteilen. Zum Schluss *weißer Balsamico* und ein *mildes Öl* dazu und fertig ist ein Fest für Augen und Gaumen.

⊱ Magie
Magisches Putzen: Setze zwei Hände voll Rotklee in Essig an und lasse ihn drei Tage ziehen. Seihe den Klee-Essig anschließend ab und gib die Flüssigkeit in einen Eimer lauwarmes Wasser. Wische nun die Räume aus, die von fremden Einflüssen und Energien gereinigt werden sollen. Nach lärmenden Partys und anstrengenden Verwandtenbesuchen ist dies eine gute Maßnahme.

Veilchen
(Viola odorata)

*I*ch würde mich als klein und fein beschreiben. Für manch einen Betrachter habe ich mein Blütenköpfchen bescheiden zur Erde geneigt. Bescheiden bin ich jedoch keineswegs. Vielmehr ist meine Wuchsform dem Wunsch entsprungen, dass mir nicht jeder keck und frech ins Blütenangesicht schauen soll. Du darfst dich ruhig zu mir herabbeugen und mir erzählen, wie wunderbar du meine zarten Blütenkelche findest, wie einzigartig meinen Duft, wie unvergleichlich meine Kombination aus Wuchs, Farbe und Beschaffenheit. Ich gebe es zu, ein wenig eitel bin ich schon, aber das darf man auch sein, wenn ein so berühmter Maler wie Albrecht Dürer ein Gemälde kreiert hat, das er „Veilchenstrauß" nannte. So ist es nun einmal, ich bin berühmt, verewigt von einem der ganz Großen unter euren Künstlern, auf Leinwand festgehalten, damit sich auch die Menschen nach vielen Jahrhunderten noch an meinem Antlitz ergötzen können. Vielleicht hat sich der Herr Dürer durch meinen Duft betören lassen oder meine filigrane Gestalt, meine Blütenblätter, die so zart sind wie Schmetterlingsflügel... Herrje, ich gerate ja richtig ins Schwärmen von meiner eigenen Schönheit. Wo waren wir stehen geblieben? Ach ja, natürlich bei mir. Vielleicht war Herr Dürer selbst auch gar nicht so begeistert – obwohl ich mir das kaum vorstellen kann –, sondern eine Frau, die er mit dem Bild von mir beeindrucken wollte, wer kann das schon wissen?

Und sieh an, ihr Menschen bewundert nicht nur meine Schönheit sondern nutzt mich auch für eure Zwecke. Jemand hat euch ins Ohr geflüstert, mit meiner Hilfe könne man der Person, die man heimlich verehrt, seine Liebe zeigen. Einfach, indem ihr mich an sie verschenkt. Dann seht euch aber lieber vor, denn wer weiß, es mag noch einige mehr geben, die um diesen Wink mit den Veilchen wissen, und dann ist es mit der Heimlichkeit möglicherweise sehr schnell vorbei. Dann bekommt ihr vielleicht ein Veilchen der ganz anderen und ziemlich schmerzhaften Art.

Seht und nehmt mich doch einfach als das, was ich bin: Eine wunderschöne zarte Blume mit herrlichem Duft, die eure Sinne ein wenig betört und euer Wesen etwas lockerer werden lässt. Damit lässt es sich doch gut und einigermaßen sicher leben.

ℭℛ **Man nennt mich auch**
Marienstängel, Schwalbenblume, Viole

☙ Wann und Wo

Von März bis Mai zeigt das Veilchen auf schattigen Wiesen, an Hecken und Zäunen seine wohlriechenden zarten Blüten. Es ist in ganz Europa zu Hause.

☙ Ernten und Verarbeiten

Die Veilchenblüten werden von März bis Mai geerntet, die Wurzeln im zeitigen Frühjahr oder Herbst.

☙ Anwendungsmöglichkeiten

Als Duftgeber ist die zarte Blume in der Parfümherstellung kaum wegzudenken. Ihre Blüten sind essbar und werden als Tee, für Kompressen und Essenzen eingesetzt. Ihr nachgesagte Wirkungen reichen von beruhigend, hautreinigend, entspannend, leicht abführend bis zu schmerzstillend.

☙ Für die Gesunderhaltung

Zahnenden Kindern kann man eine getrocknete Veilchenwurzel geben. Darauf zu kauen wirkt gegen den Schmerz.

☙ Für den Genuss

Veilchenwürfel

Die Eiswürfelformen zu einem Drittel mit Wasser füllen, anfrieren lassen und anschließend je eine Blüte in jede Form legen, Wasser darüber und fertig frieren lassen. Diese Blütenwürfel sind eine Augenweide in jedem Sekt, und frische Blüten sind auf jeder Joghurt- oder Quarkspeise ein Farbtupfer der besonderen Art.

Duftender Zucker

Man nehme *250 g Zucker* und *70 g frische Veilchen* (es geht auch mit Lavendel, Minze oder anderen stark duftenden Kräutern oder Blumen).

Die Veilchen werden mit einem Baumwolltuch umwickelt und in den Zucker gelegt. Nun zugedeckt zwei Wochen warten und dann die Blüten entfernen, denn sie haben ihren Duft ganz großzügig an den Zucker weitergegeben. Wer mag, kann aus dem Zucker mit Hilfe seiner Küchenmaschine Puderzucker machen, und schon ist die aromatischste Verzierung für Gebäck oder andere Süßspeisen fertig. Als groben Zucker kann man ihn als besonderen Rand am Glas für Cocktails verwenden. Na denn, zum Wohlsein.

ൠ Magie
Das Veilchen hat eine erfrischende Wirkung auf bescheidene und sensible Menschen. Ein Vollbad mit Veilchenduft verscheucht die Schüchternheit und ist darüber hinaus ein sinnliches Vergnügen.

Ackerschachtelhalm/ Zinnkraut *(Equisetum arvense)*

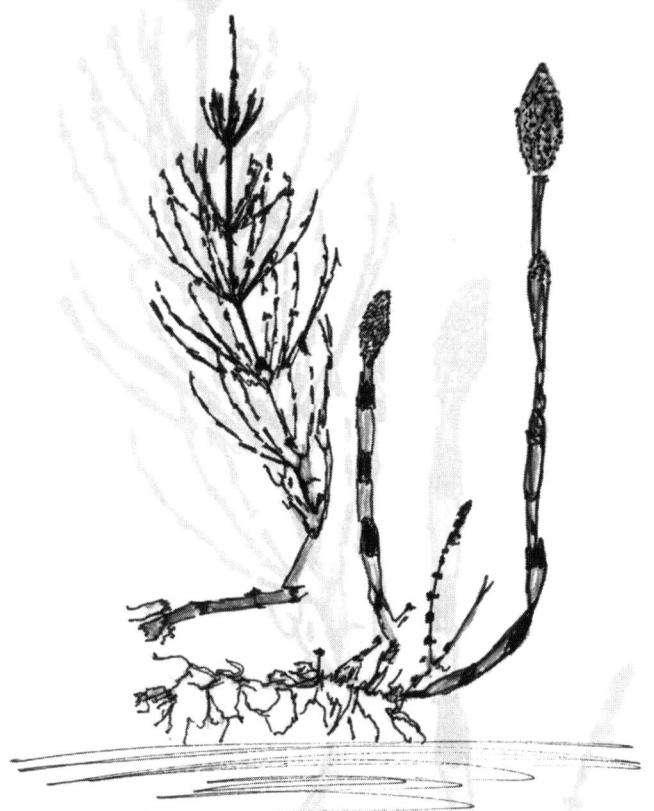

*D*a, wo der Boden schwer und feucht ist, fühle ich mich besonders wohl. Auf Äckern und Feldern sehen mich manche Bauern allerdings gar nicht gerne und versuchen, mich als sogenanntes Unkraut zu vernichten. So ganz wird ihnen das natürlich nie gelingen, denn mich gibt es schon eine ganze Weile, viel länger als euch Menschen.

Anderseits wissen viele Gärtner um meine stärkende und heilende Wirkung und nutzen diese, um gesunde und kräftige Pflanzen zu erhalten. Einer meiner Bestandteile kräftigt nicht nur Pflanzen, auch ihr Menschen benötigt ihn, damit eure Knochen und Gelenke genesen, stark und stabil werden. Wenn das nun stimmt, verstehe ich erst recht nicht, warum die Landwirte mich verschmähen. Halten die sich denn für unkaputtbar und bekommen nie Probleme mit ihren Knochen, oder sind sie einfach nur ahnungslos und wissen nichts von meinen tollen Fähigkeiten? Dann wird es aber höchste Zeit, dass jemand sie aufklärt.

Ich glaube, ihr könnt euch einfach nicht entscheiden, ob ihr mich nun ausrotten oder verehren sollt. Das scheint einer eurer größten Konflikte zu sein: bekämpfen oder integrieren. Es geht ja nicht nur mir so, viele andere Pflanzen und Tiere beklagen das.

Kommen wir aber nun wieder zu mir als Pflanze und kleines Wunderwerk. Ich bin ein Kraut, das keine Blüten benötigt. Mein Wuchs wirkt filigran und zierlich. Wie eine Miniaturtanne sehe ich aus: an einem schlanken Stiel wachsen rundherum viele feine, gleichmäßig verteilte grüne Ästchen. Doch glaubt bloß nicht, ich wäre schwach. Meine unterirdischen Triebe können sich bis zu 1,6 Meter tief verzweigen. Mein hoher Gehalt an Kieselsäure sorgt dafür, dass mein zierliches Äußeres sehr widerstandsfähig ist. Sogar die Instrumentenbauer aus alter Zeit nutzten meine leicht raue Oberfläche, um ihre empfindlichen Hölzer damit zu schleifen. Wer weiß schon, ob nicht gar eine Stradivari mit mir geschliffen wurde und ein Teufelsgeiger wie Paganini mit seinem temperamentvollen Spiel die Zuhörer in seinen Bann gezogen hat. Vielleicht hat man mit mir aus einer noch rauen Harfe ein edles Instrument mit seidenweicher Oberfläche gemacht, auf der dann eine Prinzessin wunderbare Melodien spielte. Ach, schön stelle ich mir das vor.

Wenn dies geschah, so allerdings zu einer Zeit, da ich und meinesgleichen schon sehr an Größe und Wuchs eingebüßt hatten. Denn früher, vor Urzeiten, da habe ich die Erde zusammen mit dem Farn wirklich beherrscht. Ich gebe zu, man kann es sich kaum vorstellen, wenn man mich heute betrachtet. Aber vor etwa 350 Millionen Jahren gab es auf der Erde riesige Wälder aus meiner Wenigkeit und den Farnen. Wir standen in Größe den heutigen Kiefern und Eichen in nichts nach. Riesig, mächtig und gewaltig waren wir. Oh, welch wunderbare Zeiten waren das. Alles war damals größer und imposanter, die Tiere, die Pflanzen, einfach alles. Die Regeln waren so klar wie einfach: Wer groß und mächtig war, der überlebte, wer klein und mickrig war, leider nicht.

Das ist heute anders. Ihr Menschen habt keine Angst mehr vor Dinosauriern, aber wenn euer Nachbar einen Schnupfen hat, steht euch die Panik ins Gesicht geschrieben. „Geh weg, steck mich bloß nicht an!" Ich habe den Eindruck, je weniger greifbar die Dinge werden, umso größer wird eure Angst. Die ja nicht ganz unberechtigt ist, betrachtet man Fukushima oder Aids oder die Vogelgrippe oder das Fernsehprogramm – soll einen ja auch ganz schön schädigen können, hat man mir erzählt.

Wenn ich mir das recht überlege, habe ich ja vielleicht noch Chancen, die Welt wieder zu erobern. Falls es nämlich mit der Pflanzenevolution so weitergeht, wird es mich in ein paar Jahrtausenden wahrscheinlich nur noch als fliegenden Pollen geben, oder ich habe die Konsistenz eines zähen Novembernebels, der sich als fast unsichtbarer Teppich zwischen eurem gepflegten Zierrasen ausbreitet. Dort verbünde ich mich dann mit einem heftigen Vogelgrippevirus, und schon heißt es: Gute Nacht, Menschenherrschaft. Tolle Vorstellung, in Miniaturform wieder an die Macht zu kommen, absolut faszinierend. Aber keine Sorge, ich bin wirklich nicht nachtragend, was meine Pflanzenentwicklung der letzten paar Millionen Jahre angeht. Manchmal geht einfach nur die Fantasie mit mir durch.

❧ Man nennt mich auch

Zinnkraut, Feenkraut, Katzenschwanz, Scheuerkraut

☙ Wann und Wo

Dieses mehrjährige, nicht blühende Kraut, wird 10 – 40 cm hoch und wächst ab März in ganz Europa, Australien und Südafrika auf Äckern, an Bahndämmen und Böschungen auf dichten Böden. Zuerst entwickelt sich die Sporenähre und ab Mai kommen die Laubtriebe.

☙ Ernten und Verarbeiten

Man sollte diese Pflanze gut kennen, da man sie leicht mit dem Sumpfschachtelhalm verwechseln kann. Um ganz sicher zu gehen, bestellt man sich die benötigten Pflanzenteile besser in der Apotheke.

☙ Anwendungsbeispiele

Der Name Zinnkraut stammt aus früherer Zeit, als man die Pflanze wegen ihres hohen Kieselsäuregehalts (76% enthält die Asche) als Putzmittel für Zinn benutzte. Im Gartenbau wird Zinnkraut als Stärkungsmittel für Pflanzen und zum Schutz vor saugenden Insekten, wie beispielsweise Blattläusen eingesetzt. In der Naturheilkunde und Sportmedizin schätzt man es als Stärkungsmittel für Bänder und Sehnen. Es ist unterstützend bei Osteoporose und Arthrose, gut für Haut, Haare, Nägel und Bindegewebe.

☙ Für die Gesunderhaltung

Besonders Frauen während und nach der Menopause und Menschen, die Cortison einnehmen, sollten auf ihrem Tagesplan neben regelmäßiger Bewegung ein Präparat aus Ackerschachtelhalm stehen haben. Diese Personengruppen leiden nachgewiesenermaßen häufig an Osteoporose und können dieser so eventuell entgegenwirken.

ᏩᎡ Für den Genuss

Ob man den Wein aus Ackerschachtelhalm als Genuss bezeichnen kann, sollte ein jeder für sich selbst entscheiden. Dazu koche man *0,75 l Weißwein* mit *1 Handvoll getrocknetem Kraut* auf, gebe *1 EL Honig hinzu*, lasse alles 7 Tage ziehen, seihe es ab und genieße nach den Mahlzeiten ein Schnapsglas voll.

„Starke Knochen"-Joghurt

In *1 Becher Joghurt (150 g)* werden *1 TL gemahlenes Zinnkraut* (in der Apotheke das Kraut bestellen, in einer Kaffeemühle oder einem Mörser mahlen) und der Inhalt von *3 Beuteln Hagebuttentee* eingerührt. Dies über Nacht quellen lassen oder morgens ansetzen, wenn man ihn abends essen möchte. Nun werden *1 TL feingehackter frischer Ingwer, 1 Msp schwarzer Pfeffer, 1/2 TL Zimt, 1 TL Kurkuma* mit *1 TL* gutem Öl (Hanföl, Leinöl, kaltgepresstes Olivenöl) in den Joghurt gerührt. Für eine angenehme Süße kann man noch *1 TL* Honig oder Marmelade hinzufügen. Täglich essen. Bei Rheuma-Patienten konnten nach 3 Monaten die Schmerzmittel reduziert werden!

Die Kieselsäure aus dem Zinnkraut (Ackerschachtelhalm) kann vom Körper zu fast 100% verwertet werden, das weiße Pulver, das man kaufen kann, dagegen nur zu einem sehr geringen Anteil.

Buchtipp: „Body-Coach,, vom Tiras Verlag ISBN 978-3-8304-3847-2

ᏩᎡ Magie

Zinnkraut stärkt den Charakter, den Willen und die innere Haltung. Wenn dies gefordert ist, nimm es als Badezusatz oder Räucherwerk, als Tee oder in Joghurt.

Juni

Leichtigkeit – Wärme – Helligkeit

 Johanniskraut • Labkraut • Schöllkraut • Taubnessel

⍥ Mentalübung „Feld bestellen"

Hier nun die Anschlussübung zum Monat April. Nachdem wir im April unseren Acker aufgeräumt haben, folgt nun das Säen. Zuvor überlegt man sich jedoch, mit welchen Gedanken, Eigenschaften oder Ideen das geistige Feld bestellt werden soll. Je einfacher und klarer diese formuliert werden, desto besser wird die Saat aufgehen und gedeihen. Statt „Ich will in Zukunft nie wieder schlecht über meine Mitmenschen denken" (‚nie' ist ein zu großes Wort), lieber: „Morgen werde ich meine Kinder mindestens zwei Stunden lang als Geschenk des Himmels betrachten, und es ist auch gar nicht schlimm, wenn sie sich danach wieder in kleine Nervensägen verwandeln". Nachdem man sich also entspannt hat, überlegt man sich ein bis drei (das genügt, bloß nicht übertreiben!) klare und einfache Vorsätze, die man liebevoll in seinen Geist sät und gedanklich mit Sternschnuppen Wasser begießt. Dann schaut man zu, wie diese Vorsätze langsam keimen und wachsen und kehrt dann ganz ruhig und gelassen in seinen Alltag zurück.

⍥ Körperübung „Pflanzen"

Die oben beschriebene Übung wird hier nun praktisch unterstützt. Man fahre in ein Gartencenter und suche sich ein bis drei (nicht mehr) Pflanzen für den Innen- oder Außenbereich aus, ganz wie es beliebt. Nehme sie mit nach Hause und topfe sie dann liebevoll in die dafür vorgesehenen Gefäße ein, gieße sie und lasse sie wachsen und gedeihen.

Johanniskraut
(Hypericum perforatum)

Ausdauernd und kräftig, unverwüstlich, selbstbewusst, doch nicht überheblich, heilend und schützend biete ich mich in üppiger Blütenpracht dar, berge jedoch noch Geheimnisse in mir. Trotz dieser Vielfalt an wunderbaren Eigenschaften bin ich nicht anspruchsvoll. Meine Qualitäten reifen auf dem magersten Boden heran, die Strahlen der Sonne sind meine wichtigste Nahrung. Meine zahlreichen gelben Blüten wachsen an Stielen, die über einen Meter hoch werden können, und wenn du meine Blüten zwischen deinen Fingern zerdrückst, siehst du etwas Besonderes. Sie mögen strahlend gelb sein, aber in ihrem Inneren verbirgt sich ein roter Saft, der nicht nur heilsam ist, sondern auch als Färbemittel verwendet werden kann.

Ihr Menschen veranstaltet um mich einen ziemlichen Kult – was ich so alles bewirken kann, wozu ich gut bin und gegen welche Wehwehchen ich helfe. Da staune ich schon sehr. Ja, es ist wahr, ich vereine viele Eigenschaften in mir, die euch nützlich sind, und wenn man ein Kraut nennen sollte, das die Informationen der Sonne in sich vereint und gespeichert hat, dann bin ich das wohl. Dass ich eure Traurigkeit lindern kann, liegt bestimmt an meinem sonnigen Gemüt.

Wenn beispielsweise du, der du diese Zeilen gerade liest, im tiefsten Keller deiner Gefühle bist, unter Stimmungsschwankungen leidest, die Farbe deines Daseins im günstigsten Falle als tristes Grau bezeichnest, die Tage nur noch an den Dingen festmachst, die schief gelaufen sind und was du alles mal wieder nicht geschafft hast – dann bin ich dein Kraut. Glaubst du jedoch an eine Spontanheilung über Nacht, bist du bei mir an der falschen Adresse. Gut Ding will Weile haben. Sicherlich hast du auch eine ganze Zeit benötigt, um aus deinem prallen Leben voller guter Möglichkeiten, netter Mitmenschen und dem Glauben, dass man noch alles in seinem Leben machen und erreichen kann, einen Alltag zu konstruieren, in dem du dich von Pflichten erdrückt, vom Partner nicht ausreichend wertgeschätzt und von den Kindern um den letzten Nerv beraubt fühlst. Wenn du also glaubst, dein Leben sei ein einziges Desaster, soll ich das über Nacht wieder hinbiegen? Nein, da musst du schon ein wenig Geduld haben. Aber die wird dann auch belohnt. Trau dich einfach.

⊂ℜ Man nennt mich auch
Sonnwendkraut, Hexenkraut, Herrgottsblut, Blutkraut, Feldhopfenkraut, Walpurgiskraut

❦ Wann und Wo

Die ausdauernden Johanniskrautsträucher können über einem Meter hoch werden und blühen von Juni bis August. Das Kraut wächst in ganz Europa und bevorzugt eher trockene Wiesen, lichte Wälder und Ackerränder.

❦ Ernten und Verarbeiten

Geerntet wird das obere Drittel der gesamten Pflanze. Die gelben Blüten mit dem blutroten Farbstoff (der austritt, wenn man die Blüten zusammendrückt) und die Blätter werden sowohl frisch als auch getrocknet verwendet.

❦ Anwendungsbeispiele

Vielfältig sind die Möglichkeiten, sich Johanniskraut zunutze zu machen, ob man nun die frischen Blüten in Öl ansetzt oder die getrockneten Blüten und Blätter als Tee, Tinktur oder Badezusatz verwendet.

❦ Für die Gesunderhaltung

In den letzten Jahren ist das Johanniskraut meist mit seiner positiven Wirkung gegen depressive Stimmungen in Verbindung gebracht worden. Aber auch bei der Wundheilung, bei krampfartigen Schmerzen, Muskelkater, Verbrennungen und Quetschungen soll das Kraut viel Gutes bewirken. Bei chronischen Beschwerden ist eine kurmäßige Einnahme über eine länger Zeit angebracht, da sich die Wirkung meist erst nach zwei bis drei Wochen einstellt. Auf direkte Sonne und den Besuch im Solarium sollte dann verzichtet werden, da die Haut in dieser Zeit empfindlicher als sonst reagieren kann.

❦ Für den Genuss

Ein wirklicher Genuss für schwere Beine nach dem Sport oder bei Muskelverspannungen durch einseitige Arbeitsbelastung ist ein Johanniskraut-Massageöl. Dazu nimmt man die frischen Blüten der Pflanze, bedeckt sie mit einem kaltgepressten Öl, lasse das gut verschraubte Glas 6 Wochen in der Sonne stehen und seihe es dann ab. Das Massageöl hat nun eine blutrote Farbe angenommen und ist zum Einsatz bereit.

℘ Magie

Als Heil- und besonders als Hexenkraut hat das Johanniskraut eine lange Tradition. Die stärkste Wirkung besitzt es, wenn man es am Johannistag, dem 24.Juni erntet. Aber nicht nur Johanniskraut, auch viele andere Kräuter für die Haus- und Hexenapotheke sollten an diesem Tage oder am Mittsommertag (21.Juni) gesammelt werden. Gebärende Frauen hat man in alter Zeit auf Johanniskraut gebettet, um Böses fernzuhalten und starke Blutungen zu verhindern.

Echtes Labkraut
(Galium verum)

So zart sind meine Blüten, so lockend mein Duft, so zerbrechlich wirke ich und bin doch ein Kraftpaket. Ich ziehe die Insekten in Scharen an und sogar ihr Menschen lasst euch zu mir herab. Von meinem honigsüßen Geruch angelockt, kommt ihr, pflückt mich und wisst im besten Falle mehr mit mir anzufangen, als mich lediglich in eine Vase zu stecken. Ich wachse bis zu einem halben Meter hoch, manchmal sogar noch höher. An meinem oberen Teil erblühen im Sommer viele kleine gelbe Blüten. Meine Blätter hingegen würdet ihr vielleicht auf den ersten Blick als solche gar nicht erkennen. Auf euch könnten sie wie Nadeln wirken, die rundherum um meinen Stiel angeordnet sind. Ist der Sommer zu heiß und trocken, spare ich an dieser Stelle meine Kräfte ein, und die Blätter werden dunkel, damit noch genügend Lebenssaft für meine Blüten bleibt.

Zu einer Zeit, als Arztbesuche und medizinische Versorgung nur der wohlhabenden Bevölkerung zugänglich waren, habt ihr mich noch oft zu heilenden Zwecken eingesetzt. Aber nicht nur dafür. Ich war für euch auch ein Färbekraut; meine Wurzeln färbten rot und meine Blüten ergaben ein schönes Gelb, das nicht nur dem Käse eine satte Farbe verlieh. Außerdem enthalte ich Fermente, die dafür sorgten, dass die Milch bei der Käseproduktion gerann.

Ja, so war das in der guten alten Zeit. Da wurde mir von euch mehr Aufmerksamkeit zuteil. Inzwischen bin ich in Vergessenheit geraten. Meine zahlreichen Fähigkeiten, meine Fermente für die Käseherstellung, meine Heilwirkungen, der honigsüße Geschmack meiner Blüten, all das scheint euch nicht mehr zu interessieren. Schade, denn so entgeht euch vieles.

Alles hat jedoch auch seine guten Seiten. Zum Beispiel kann ich mich nun ganz ungehindert vermehren. Niemand ist bisher auf die Idee gekommen, mich zu kultivieren. Welch ein Glück, denn ich habe bei einigen meiner Pflanzenfreunde erlebt, dass dieses Kultivieren immer mit der Einbuße einiger Fähigkeiten einhergeht. Und wer möchte schon zuerst in einen engen Raum gesperrt und dann auch noch seiner Talente beraubt werden? Das wäre ja so, als würde man einen Apfelbaum der köstliche Früchte trägt, mit irgendwelchen Mitteln dazu bringen, kleiner zu wachsen, damit man diese Früchte besser pflücken kann; oder man sorgt dafür, dass die Äpfel gleichmäßig, glatt und völlig einheitlich im Wuchs sind, damit sie besser verpackt werden können, um sich dann hinterher zu beschweren, dass diese Äpfel ja gar nicht mehr so aromatisch schmecken wie früher. Aber so verrückt seid ihr doch nicht, ihr intelligenten, so hoch entwickelten Menschen, das kann euch doch nicht passieren, oder?

✆ Man nennt mich auch
Liebfrauenstroh, Käslabkraut, Mundfäulkraut, Sternkraut

✆ Wann und Wo
Das echte Labkraut ist eine ausdauernde Pflanze und blüht von Mai bis September. Es wächst in höheren Lagen bevorzugt auf Magerwiesen. Die aufrecht stehende Art, die bis zu einem Meter hoch werden kann und deren viele kleine gelben Blüten einen starken Honigduft verbreiten, kommt in ganz Europa vor.

✆ Ernten und Verarbeiten
Diese zarten Blüten eignen sich zur direkten, frischen Verarbeitung. Getrocknet lässt die Wirkung etwas nach. Das blühende Kraut kann zu Tee, Frischsaft oder Salben verarbeitet werden.

✆ Anwendungsbeispiele
Wie die weiteren Bezeichnungen schon andeuten, ist das Labkraut vielseitig einsetzbar, beispielsweise in der Käseherstellung. Tees und Frischsaft wurden und werden in der Heilkunde bei Entzündungen, Hauterkrankungen, Nieren- und Leberleiden sowie bei Kropfbildung verwendet. Maria Treben setzte dieses Kraut sogar bei Zungenkrebs ein. Früher wurden auch Getränke und Speisen mit Labkraut aromatisiert.

✆ Für die Gesunderhaltung
Tee: Ein gehäufter Teelöffel des Krautes mit 1/4 l heißem Wasser überbrühen und kurz ziehen lassen. Über einen Zeitraum von 4 bis 6 Wochen 2 bis 4 Tassen schluckweise über den Tag verteilt getrunken, soll nach Überlieferungen Nierensteine und Nierengries auflösen.

⊙ Für den Genuss

Labkrautbutter

Frisches Labkraut wird entsaftet – oder man nimmt gleich *50 ml Frisch-saft*. Dieser wird mit *250 g* zimmerwarmer *Butter* verrührt und im Kühl-schrank aufbewahrt. Die Labkrautbutter schmeckt nicht nur auf einer Scheibe Brot sehr gut, sondern soll, wenn man sie auf entzündete Haut-stellen streicht, die Heilung unterstützen.

⊙ Magie

Das Labkraut gehört magisch gesehen zu den Schutzkräutern. Am Körper getragen oder ins Bett gelegt, soll es giftige Tiere und böse Einflüsse fernhalten. Als sogenanntes Bettstrohkraut legte man es früher Gebärenden auf das Lager.

Schöllkraut
(Chelidonium majus)

Wie meine Pflanzenschwestern Johanniskraut und Labkraut bin auch ich ein gelb blühendes Wunder. Unterscheiden von den anderen könnt ihr mich an meinem Geruch und meinem Innenleben. Das Labkraut soll ja angeblich äußerst angenehm duften, bei mir hingegen rümpfst du die Nase. Der Saft, der aus meinen Stängeln tritt, ist gelblich und riecht sehr, sagen wir mal, kräftig. Außerdem bin ich, im Gegensatz zu so manch anderer Pflanze, überhaupt nicht menschenscheu. Die meisten sind ja viel lieber weit draußen, auf Feldern und Wiesen und bleiben möglichst unter sich. Nein, ich mag es, in der Nähe von euch zu wachsen, an euren Zäunen, Hausmauern und Wegen. Wie beim Efeu schon erwähnt, heißt es ja, dass alles, was man zur Gesunderhaltung benötigt, in seinem nächsten Umfeld findet. Wenn ich also vor deiner Haustüre wachse, mag es vielleicht ein Hinweis sein. Um zu erfahren worauf, solltest du dich ein wenig mit meinen Kräften und meinem Pflanzencharakter beschäftigen. Wie gesagt, rein äußerlich mag ich gewisse Ähnlichkeit mit Johanniskraut und Co. haben, aber mein Saft hat es in sich. Er ist nicht harmlos, mild oder wohlduftend, er hat sogar eine leicht ätzende Wirkung. Zwar nicht so ausgeprägt wie der Riesenbärenklau – ich bin ja Menschenfreund –, aber ausreichend, um deine Haut zu reizen.

Dies mag auch einer der Gründe sein, warum ich genau für solche Krankheitsbilder einsetzt wurde. Warzen sind ein prächtiges Beispiel dafür. Nur solltest du bei der Anwendung darauf achten, dass mein Saft nur auf die betroffene Stelle gelangt. Fette die gesunde Haut gut ein, bevor du mich aufträgst. Ach ja, und essen solltest du mich auch nicht, es könnte zu leichten Vergiftungserscheinungen wie Übelkeit und Erbrechen kommen. Wie du nun erkennst, bin ich nicht durchgehend nett. Zwar sehe ich harmlos und freundlich aus, steche und pikse auch nicht, mich zu unterschätzen, wäre jedoch ein Fehler.

Jemand von euch Menschen hat vor langer Zeit wohl einmal den Satz formuliert: „Die Dosis macht das Gift." Das passt zu mir. Die Beinamen, die ihr mir gegeben habt, unterstreichen diese Aussage ganz prima. Für manche bin ich das Teufelskraut oder die Hexenmilch, andere nennen mich Gottesgabe.

Probier' doch mal was aus: Wenn du einen lästigen Leberfleck hast, verteile bei abnehmendem Mond meinen Saft darauf und wiederhole das Ganze ein paar Mal. Ist der Leberfleck dann verschwunden, was bin ich dann ? Ein Fluch oder ein Segen?

❧ Man nennt mich auch

Warzenkraut, Marienkraut, Gottesgabe, Goldwurz, Augenwurz, Hexenmilch, Krätzenkraut

❧ Wann und Wo

Das Schöllkraut mit seinen kleinen gelben Blüten wird bis zu 60 Zentimeter hoch und blüht von Mai an den ganzen Sommer über. Die ausdauernde verzweigte Pflanze wächst bevorzugt an und auf Mauern, an südlichen Waldrändern und Zäunen und ist in ganz Europa zu Hause.

❧ Anwendungsbeispiele

Der Frischsaft, mit lauwarmen Wasser verdünnt eingenommen, soll bei Leber-, Gallen- und Nierenerkrankungen helfen und auch blutreinigend wirken. Der frisch austretende Saft aus den Stängeln und Blättern ist laut Maria Treben ein Wundermittel bei Augenerkrankungen. Äußerlich fand das Schöllkraut in früherer Zeit auch bei vielen Hauterkrankungen Anwendung. Bei der Einnahme von Frischsaft gilt: weniger ist mehr.

❧ Für die Gesunderhaltung

Bei Augenbeschwerden vielerlei Art und allgemein bei Sehschwäche und überanstrengten Augen nehme man ein gewaschenes Schöllkrautblatt und zerreibe es zwischen Daumen und Zeigefinger. Den austretenden Saft verteilt man dann vorsichtig auf dem geschlossenen Augenlid. Die Flüssigkeit sollte nicht ins Auge geraten.

❧ Für den Genuss

In der Küche findet Schöllkraut keine Verwendung.

☙ Magie

Für den klaren Blick: Wenn die Dinge nicht klar erscheinen, der Scharfsinn getrübt ist, nimmt man eine klein geschnittene, getrocknete Schöllkrautwurzel und verwende sie bei Räucherritualen, die bei Neumond besonders gut wirken.

Taubnessel
(Lamium)

*E*nttäuschend, wirklich enttäuschend ist dieses erbärmliche Dasein, das ich hier auf Erden zu fristen habe. Als Unkraut benannt, meine Schönheit verkannt, werde ich verglichen mit der ordinären Brennnessel, mit der ich nun wirklich nichts zu tun haben will. Auf den ersten Blick, nun gut. Wenn man sich nicht wirklich auskennt, und wenn ich noch nicht blühe, mag ja auf größere Distanz eine gewisse Ähnlichkeit zwischen uns herrschen. Aber geh nur näher heran und trau dich, mich zu berühren, dann erkennst du einen der wichtigen Unterschiede. Die Brennnessel verursacht Schmerzen, mir hingegen ist ein willkürliches Bekämpfen meiner Umwelt völlig fremd. Da mag die Brennnessel ruhig reden, sie müsse Feinde abwehren und kriminelle Pflanzensammler auf Distanz halten und lauter so einen Blödsinn. Aber welche Feinde, bitteschön? Wer will denn schon was von der doofen Brennnessel? Auf was bildet die sich überhaupt was ein?

Es ist eine Schande, immer und immer wieder mit der in einen Topf geworfen zu werden. Wann lernst du mich nun wirklich schätzen? Gut, ich bin eine tolle Nahrungsquelle für Insekten, das haben einige ja immerhin erkannt. Und manche wenige unter euch wissen sogar noch, dass ich ein paar hilfreiche Eigenschaften mein eigen nenne. Besonders Frauen helfe ich, sofern sie sich helfen lassen. Jedoch habe ich festgestellt, dass sie im Ertragen von Leiden echt Spitze sind, das muss man ihnen lassen. Meine Nummer ist das nicht. Ich will weder leiden noch Leid zufügen. Ich finde es nur schlichtweg unverschämt, so übersehen und übergangen zu werden! Schau her, erkennst du denn nicht meine wahre Schönheit, findest du meine Blüten nicht anbetungswürdig? Sieh doch nur, wie sie, Orchideenblüten gleich, in einem wunderbaren Weiß oder zarten hellen Lila an meinen Stängeln wachsen und einen herrlichen Kontrast zu meinen sattgrünen Blättern bilden.

Hallo? Wer lacht da? Meine Pflanzennachbarn machen sich lustig über mich. Ich solle mal nicht so überheblich sein. Pah, die haben eben keine Ahnung. Tief in mir weiß ich, dass ich mehr bin als irgendein blödes Kraut, um das sich niemand schert. Was, um Gottes Willen, habe ich nur in der letzten Inkarnation falsch gemacht, dass ich mit so viel Verachtung gestraft werde? Aber ich lasse mich nicht unterkriegen. Von nun an werde ich meine gesamten Bemühungen darauf richten, dass die nächste Inkarnation mich auf jeden Fall ein paar Stufen nach oben bringt. Wollen doch mal sehen. Wo ein Wille, da ein Weg, und wo einst eine Taubnessel, da irgendwann vielleicht eine englische Rose mit betörendem Duft, die gehegt, gepflegt und bewundert in einem königlichen Garten wächst. Ja, das ist eine gute Zukunftsplanung. Da mein Plan nun feststeht, muss ich ihn ja nur noch in die Tat umsetzten. Also, wie war das noch mal? Man kann in seinem jetzigen Dasein dafür sorgen, dass das nächste um Längen besser wird, wenn....? Gab es da nicht irgendein Pflanzenkarmanirwana-Hinweisbuch?

Hey, ihr superschlauen Pflanzennachbarn, hat einer von euch eine Idee, wie ich das erreichen kann? Wie bitte? Wer hat da gerade gesagt *„Demut* wäre ein guter Anfang"? Das ist ja wohl eine Unverschämtheit!

ℂℝ Man nennt mich auch
Bienensaug, Wurmnessel, Zauberkraut, Löffelblume

ℂℝ Wann und Wo
Diese kleine und ausdauernde Pflanze blüht von Mai bis Oktober weiß, lila oder gelb und ist in ganz Europa zu Hause. Dort, wo man die Brennnessel findet, ist meist auch die Taubnessel nicht fern.

ℂℝ Ernten und Verarbeiten
Das gesamte blühende Kraut kann frisch oder getrocknet für Tee und Sitzbäder genutzt werden. Für Sitzbäder wird auch noch die Wurzel mit verwendet.

ℂℝ Anwendungsbeispiele
Laut Überlieferung ist die Taubnessel eine Pflanze, die sich bei Frauenleiden, wie etwa starken Menstruationsbeschwerden, als überaus hilfreich erwiesen hat. Auch bei Blasen- und Nierenbeschwerden findet sie Anwendung und soll zudem ein gutes Mittel bei Schlafstörungen sein.

❧ Für die Gesunderhaltung

Frauen, die unter starken Monatsblutungen leiden, sollten täglich zwei Tassen Taubnesseltee trinken. Dazu einen gehäuften Teelöffel des Krauts mit 1/4 Liter heißen Wasser übergießen und nur kurz ziehen lassen. Bei Erkältungen der Blase oder bei Nierenentzündungen sind Sitzbäder mit einem Absud der Taubnessel eine wahre Wohltat.

❧ Für den Genuss

„Elfen-Toast"

Man nehme *einige Scheiben Toast- oder Vollkornbrot,* toaste sie und bestreiche sie zuerst mit *Butter* und dann mit *Quark.* Nun mit *verschiedenen Blüten,* beispielsweise von *Taubnessel, Gänseblümchen oder Veilchen* großzügig belegen. In schöne Dreiecke geschnitten und auf einer silbernen Platte serviert, können sie mit jedem Kaviarschnittchen mithalten.

Die blühenden oberen Teile der Pflanze können natürlich auch jeden Salat bereichern.

❧ Magie

Diese Pflanze unterstützt die Urweiblichkeit und söhnt mit der Rolle aus, in die frau hineingeboren wurde. Frauen, die in und mit sich selbst nicht zufrieden sind, weibliche Eigenschaften wie Hingabefähigkeit als Schwäche betrachten und dagegen ankämpfen, sollten auf getrockneten Taubnesseln schlafen. In einem Stoffsäckchen unter das Kopfkissen legen und sich die Kraft, Güte, Weisheit, Lust und Lebensfreude der großen Göttinnen vorstellen. Es ist erstaunlich, wie gut und selbstverständlich es sich anfühlt, wenn diese Eigenschaften in der eigenen Person geweckt werden.

Juli

Sommerhöhepunkt – Hitze – Heuernte – Abkühlung suchen
lange Abende im Freien genießen

 Wilder Fenchel • Schafgarbe • Malve • Frauenmantel

❧ Körperübung „Sonnenbaden"

Nichts ist für die Seele so wichtig wie das Sonnenlicht (außer der Liebe natürlich).
Auch unser Körper benötigt sie, etwa um das Vitamin D für die Knochen bilden zu
können.

Gut für diese Übung ist ein Balkon oder ein Garten – natürlich auch ein See oder
eine helle Waldlichtung. Und nun genießt, im Idealfall unbekleidet, ein Sonnenbad.
Ist es sehr heiß, reicht ein Aufenthalt unter Bäumen oder dem Sonnenschirm. Je
mehr Haut mit der Sonne in Berührung kommt, desto besser. Hat man diese Übung
einige Male gemacht, kann man, außer die Seele mit Sonnenlicht aufzutanken,
auch wieder ein natürlicheres Verhältnis zu seiner Nacktheit in Verbindung mit
frischer Luft entwickeln. Ein Versuch lohnt sich.

❧ Mentalübung „Lass die Sonne in dein Herz"

Diese wirklich nette Übung kann problemlos in jedem Straßencafé oder der Lieb-
lingseisdiele durchgeführt werden. An einem hellen, warmen Tag setzt man sich
nach draußen, streckt die Beine lang von sich, reckt das Gesicht der Sonne entgegen, schließt die Augen und atmet tief und genüsslich ein und aus. Stell dir vor, wie
die wärmenden Strahlen der Sonne sich im ganzen Körper ausbreiten, besonders
der Herzbereich wird von dieser schönen Helligkeit völlig durchdrungen.

Wilder Fenchel
(Foeniculum vulgare)

Eigentlich stamme ich aus dem warmen Süden, trage die Informationen der wärmenden Sonne, heilende ätherische Öle, das Starke und das Zarte in mir. Seit vielen Jahren bin ich nun schon hier in Mitteleuropa beheimatet. Ja, auch hier gibt es mittlerweile günstige Standorte für mich, die es mir ermöglichen, meine Qualitäten zu entwickeln – der Klimaerwärmung sei Dank.

Wenn ihr auf euren Spaziergängen die Landschaft betrachtet, könnt ihr mich gar nicht übersehen. Ich kann die stattliche Größe von zwei Metern und mehr erreichen und werde euch durch meinen

Wuchs auffallen, der mit den anderer hoch wachsender Pflanzen nicht viel gemein hat. Mögen meine Blüten, die zahlreich und winzig in Doldenform in einem unauffälligen Gelb blühen, auch nicht bemerkenswert erscheinen, mein überaus feines Blattwerk werdet ihr erstaunt betrachten. Es bewegt sich so leicht wie Federn im Wind und hat eine so feine und zarte Form, dass man es mit Blättern, wie man sie gemeinhin kennt, nicht vergleichen kann. Dann werdet ihr, wenn ihr mich im Ganzen betrachtet, an meinem unteren Ende die starke Knolle bemerken, aus der heraus ich wachse.

Meine Samen sind klein und zahlreich und enthalten den größten Teil meines heilsamen Wirkstoffes. Dieser räumt auf, ordnet alles, was durcheinander ist, fegt störende Energien weg und schafft Platz für Neues.

Eine andere Seite von mir ist so zart, dass selbst Babys mich vertragen. Welche Mutter hat die Bauchschmerzen oder Verdauungsstörungen ihres Säuglings nicht schon mit einem Fläschchen Fencheltee vertrieben. Andererseits ist meine Wirkung so stark, dass der Bauch eines jeden Holzfällers von schmerzenden Winden befreit werden kann (günstiger für eure Nasen wäre es in diesem Fall, sich nicht in seiner unmittelbaren Nähe aufzuhalten).

Jedoch bin ich nicht nur heilsam, sondern auch sehr schmackhaft. Ihr kennt mich als Brot- und Keksgewürz oder aus vielen Teemischungen. Weihnachtsplätzchen gibt es, in denen mein unverwechselbares Aroma gefragt ist. Meine ätherischen Öle könnt ihr wahrnehmen, wenn ihr meine Blätter oder Blüten zwischen den Fingern zerreibt und tief einatmet. Schon hebt sich eure Stimmung.

❧ Man nennt mich auch

Gemeiner Fenchel, wilder Fenchel, Fennel, Femis, Springel, Frauenfenchel, Brotanis, Brotsamen.

❧ Wann und Wo

Die zwei- oder mehrjährige Pflanze kann bis zu zwei Meter Höhe erreichen und entwickelt im unteren Bereich knollenartige Speicherblätter. Es folgt ein kahler Stiel, an dem sich haarfein geschlitzte Laubblätter befinden. Die kleinen gelben Blüten wachsen von Juli bis September doldenartig an langen Stängeln. Ursprünglich aus dem mediterranen Raum stammend, ist der wilde Fenchel heute auch bei uns an sonnigen und trockenen Standorten anzutreffen.

❧ Ernten und Verarbeiten

Die gesamte Pflanze kann genutzt werden. Das feine Kraut erntet man am besten im Frühsommer und verwendet es frisch in der Küche, genauso wie die unteren Sprossteile und fleischigen Enden der untersten Blattstiele. Die Samen werden im Herbst getrocknet. Auch die Blüten können frisch oder getrocknet als Tee und in zahlreichen Gerichten verwendet werden.

❧ Anwendungsbeispiele

Wie bereits erwähnt, ist Fenchel roh und gekocht eine Bereicherung in jeder Küche. Und ein jeder hat wohl als Kind gegen Blähungen und Bauchweh einen Fencheltee bekommen. Man sagt, Fenchel wirke entkrampfend, schleimlösend, blähungslösend und appetitanregend.

❧ Für die Gesunderhaltung

Der klassische Fencheltee ist *das* Mittel gegen Blähungen und Bauchweh für Jung und Alt.

⌘ Für den Genuss

Fenchelquark

250 g Magerquark werden mit *200 g Sahne, Salz, Pfeffer* und *1 Spritzer Zitrone* verrührt. Nun *1 Bund feines Fenchelkraut* und *1 Knoblauchzehe* sehr fein hacken, beides unter den Quark heben, und schon hat man einen köstlichen Begleiter zu gebratenem Fisch oder frisch gebackenem Brot.

„Herkules-Buletten"

500 g gemischtes Hackfleisch werden mit *2 fein gehackten Zwiebeln, 1 fein geschnittenen Knoblauchzehe, 1 Ei, viel Paprika,* außerdem *Salz* und *Pfeffer* sowie einer in Wasser eingeweichten und anschließend ausgedrückten *Scheibe Mischbrot* (schmeckt nicht so fad wie helle Brötchen) und *1 Bund fein gehacktem Fenchelkraut* zu einer gut formbaren Masse verknetet. Nun Buletten formen und wie üblich in Fett ausbraten. Sehr lecker und bei Kindern und Jugendlichen beliebt in Begleitung von *Erbsen-Möhrengemüse* und *Kartoffelpüree.* Das Bratfett über das Püree gegeben, verleiht ihm eine herzhafte Note.

⌘ Magie

Magisch hat der Fenchel eine nährende, kräftigende und tröstende Wirkung auf die Menschen. Wer ängstlich ist oder verzagt, trinke Tee aus Fenchel. Früher sagte man dem Kraut sogar nach, es könne von Blindheit heilen und gehöre, wie die Kamille, zu den neun heiligen Kräutern

Frauenmantel
(Alchemilla vulgaris)

Wirklich auffällig bin ich nicht. Man könnte mich sogar bescheiden nennen. Sei`s drum, ich kenne meinen Wert, und sogar manch einer unter euch Menschen hat meine Eigenschaften für sich entdeckt. Ihr besitzt sogar eine sogenannte Phytotherapie; das soll so eine Art Pflanzenmedizin sein, in der ihr uns Pflanzen beobachtet, untersucht und unsere Eigenschaften auf euch Menschen übertragt. Das nenne ich dann endlich mal von der Mikro- in die Makrodimension denken. Na gut, ich gebe ja zu, dass ich es nicht so nenne. Solche Ausdrucksweisen und Fremdwörter sind in meinem Wortschatz normalerweise gar nicht vorhanden. Der Ausspruch stammt vom schlauen Käuzchen, das ich nach diesem Phytodingsbums gefragt habe, weil sich zwei Spaziergänger in meiner Nähe darüber unterhalten haben und ich wissen wollte, was das denn nun ist. Für solche Fragen ist der Kauz die beste Adresse. Und der meinte, aufgrund dieser Pflanzenmedizin sei euch wohl auch klar geworden, dass ich ein hervorragendes Kraut für Frauen bin. Meine Blätter, so wunderschön sie in der Form anzuschauen sind, besitzen eine große Zähigkeit. Diese Eigenschaft habt ihr dann mit eurem Bindegewebe verglichen und nutzt sie nun dafür. Natürlich nicht als Ersatz für das Bindegewebe, sondern um es gesund zu erhalten. Gleiches gilt für meine, eurem weiblichen Hormon ähnlichen Inhaltsstoffe, die ihr bei Störungen eures Hormonhaushalts einsetzt.

Meine Blätter sind jedoch nicht nur zäh und besitzen einen gezackten Rand, sie sind auch so aufgebaut, dass sie Tauwasser auffangen und dadurch für viele kleine Lebewesen als Trink- und Badestelle dienen.

Ich besitze Kraft und Zähigkeit, die ihr Frauen benötigt um körperlich das Wunder des Lebens überhaupt austragen zu können, denn was muss das weibliche Bindegewebe in dieser Zeit nicht alles aushalten? Fürsorglichkeit, der Wunsch und die Fähigkeit, für andere zu sorgen, ist wohl eine der klassischen weiblichen Eigenschaften, die auch ich verkörpere. Deshalb habt ihr mir den Namen Frauenmantel gegeben. Da mögen eure Emanzen sich jetzt aufregen so viel sie wollen. An diesen Eigenschaften kommt Frau nicht vorbei. Und seien wir doch mal ehrlich, was ist eigentlich so schlimm daran, gerne für sich und andere zu sorgen, ihnen Wärme, Liebe, Geborgenheit, das Lachen des Lebens und Trost in schweren Zeiten zu geben? Warum wollt ihr immer kämpfen und euch wehren? In diesem Zusammenhang fällt mir noch ein: Alles wollt ihr irgendeiner Richtung zuordnen, einem Gott, einem Planeten, einem Kaiser, einem Glauben, einem Land, mich eingeschlossen. In alter Zeit habt ihr mich der germanischen Göttin Frigga geweiht, später dann der Mutter Gottes, und so habe ich und meinesgleichen schon vielen verschiedenen Herren gedient. Nein, falsch, wir dienen nicht. Wir geben unsere Fähigkeiten gerne, und es ist uns völlig einerlei, unter welchem Namen das geschieht. Es sollte mich eigentlich nicht weiter stören, allerdings gibt es da ein paar extrem ungewöhnliche Qualitäten, die ihr mir zutraut, die ich aber doch eher bedenklich finde. Ein Vollbad mit meinem Kraut beispielsweise soll Frauen die verlorene Jungfräulichkeit zurückgeben!? Also bitte, wenn das wirklich so wäre, hätte man mich dann nicht längst in allen Ländern der Welt, wo dies noch eine wichtige Heiratsvoraussetzung ist, kultiviert und großflächig angebaut? Wäre mein Gewicht dann nicht mit Gold oder zumindest mit Silber aufzuwiegen? Wäre ich dann nicht *der* Geheimtipp, das am meisten angepriesene Präparat im Internet nach Viagra?

Ich mag ja wirklich viele Heilkräfte besitzen und so manches möglich machen, doch für Wunder war bei euch Jesus zuständig und kein wildes Kraut. Und bedenkt, wie man es ihm gedankt hat.

∞ Man nennt mich auch

Frauenhilf, Frauenrock, Hasenmänteli, Jungfernkraut, Muttergottesmantel, Perlkraut, Taublatt, Taubecher, Taumantel, Tauschüsselchen

∞ Wann und Wo

Das in ganz Europa heimische Frauenmantelkraut blüht von Mai bis September an Waldrändern und auf Wiesen und bevorzugt leicht feucht-lehmige Böden. Es ist ein ausdauernd wachsendes Kraut. Seine fächerförmigen Blätter sind am Rand gezackt und seine zahlreichen kleinen gelben Blüten wachsen oben an ansonsten kahlen Stängeln. Es kann bis zu 40 Zentimeter hoch werden.

ℭ Ernten und Verarbeiten

Gesammelt werden Blüten und Blätter während der gesamten Blütezeit; für Ansätze in Alkohol werden auch die gesäuberten Wurzeln genutzt. Man kann das Kraut sowohl frisch als auch im getrockneten Zustand verwenden.

ℭ Anwendungsbeispiele

Als eines der großen Frauenkräuter wird es seinem Namen entsprechend für vielerlei Beschwerden des weiblichen Geschlechts eingesetzt. Seine Wirkungsweiseist unter anderem zusammenziehend, was sich sehr positiv auf das Bindegewebe auswirken kann. Bei Gebärmuttersenkungen, nach Entbindungen und in den Wechseljahren findet es seit Jahrhunderten in der Kräutermedizin Anwendung.

ℭ Für die Gesunderhaltung

Ein Tee aus dem Kraut hilft bei oben genannten Beschwerden. Man sollte ihn über den Zeitraum eines Menstruationszyklus trinken und kann dafür sowohl frische als auch getrocknete Blüten und Blätter verwenden. Man nimmt einen Esslöffel frisches Kraut, übergießt es mit 250 ml kochendem Wasser und lässt es dann zehn Minuten ziehen.

ℭ Für den Genuss

Die jungen Blätter werden in Pesto mitverarbeitet oder klein geschnitten Salaten zugefügt. Sie haben einen leicht bitteren Geschmack, was wiederum die Gallentätigkeit anregt.

ℭ Magie

Dem Tau, der sich auf der Pflanze sammelt, sagt man vielerlei magische Eigenschaften nach. Doch wenn man sich auf den Weg macht, um diesen zu finden, sollte man vorsichtig sein, denn kleine Naturgeister baden gerne darin, und wer sie stört, wird schon sehen, was er davon hat.

Wilde Malve
(Malva sylvestris)

Schleimige, ausdauernde, anspruchslose und unglaublich prächtige Blume. Ja, so würde ich mich in einer Kurzversion beschreiben, wenn es von mir verlangt würde. Ich bin verschwenderisch in meiner Blütenpracht und erfreue nicht nur die Bienen den ganzen Sommer über mit meinen zahlreichen herrlichen Blüten. Dabei bin ich im Vergleich zum Veilchen oder der empfindsamen Mohnblüte nicht zimperlich. Ich vertrage schon so einiges und lasse weder bei Sturm noch bei Trockenheit gleich den Kopf hängen, oh nein. Da, wo ich einmal wachse, komme ich auch immer wieder hin zurück.

So schnell wird man mich also nicht los. Doch wer wollte das auch schon, bei meiner Pracht? Was man mir auf den ersten Blick nicht ansieht, ist mein feuchtes und zähes Innenleben. Wie das Äußere einer Qualle, so bin ich im Inneren, und wie viele meiner Pflanzenschwestern und –brüder vereine ich sehr gegensätzliche Eigenschaften in mir. Ich trotze vielen Witterungsbedingungen, bin eine aufrechte, hübsch anzuschauende Pflanze, diene mit meinen Blüten vielen Insekten als Nahrungsquelle, liebe im Außen den eher trockenen Lebensraum, speichere in mir jedoch die Feuchtigkeit, die Quelle allen Lebens, und bin dadurch ein Überlebenskünstler. Ich benötige keine Waffen wie Dornen oder brennende Härchen. Fest verankert in der Erde, versorge ich mich selbst aus meinem Innersten, genieße die Sonne, verschenke meinen Blütennektar, setzte mich Wind und Wetter aus, um stark zu bleiben, finde mein Pflanzenleben einfach wunderbar und möchte mit keiner anderen Blume auf der Welt tauschen.

Ein gewisser Karl der Große (747-814 n. Chr.) hat meine Vorzüge schon früh erkannt und mich großflächig anbauen lassen; er wusste, dass ich sowohl als Gemüse wie auch als Heilkraut mannigfaltig einzusetzen bin. Wenn ihr meine Blätter beispielsweise klein geschnitten einer Suppe zufügt, wird diese durch die in mir enthaltenen Schleimstoffe gebunden, und meine Früchte können als Knabberwerk angesehen werden. Gefärbt wurde früher auch mit mir. Durch meine Blüten liegt der Gedanke nahe, dass ich weißen Stoff in ein zartes Lila verwandeln kann. Dem ist aber nicht so. Es ergibt sich ein helles Ockergelb.

০৪ Man nennt mich auch

Käslikraut, Hasenpappel, Hanfpappel, Johannispappel, Katzenkäse, Ross-Malve, Mohrenmalve, Zigbli, Wegmalve, Schwellkraut, Roßpappel, Nüsserli, Feldmalve, Käspappel

⌘ Wann und Wo

Die Malve ist eine anspruchslose Schönheit, die bis über einem Meter hoch werden kann und von April bis in den Oktober hinein blüht. Sie ist in ganz Europa zu Hause und gedeiht mit ihren prächtigen, ausdauernden rosa bis violetten Blüten an Wegrändern, auf Wiesen, Äckern und Ödland.

⌘ Ernten und Verarbeiten

Von der Pflanze werden die Blüten frisch oder in getrocknetem Zustand meist für heilkräftige Tees verwendet oder zu Extrakten weiterverarbeitet; seltener finden sie heute noch Anwendung in der Küche.

⌘ Anwendungsbeispiele

Durch die in ihr enthaltenen Schleimstoffe wurde die Malve am häufigsten bei Erkältungserkrankungen, Reizhusten und Entzündungen im Mund- und Rachenraum eingesetzt. Äußerlich hat man in der Vergangenheit wohl gute Ergebnisse mit Umschlägen bei Insektenstichen und Furunkeln erzielt.

⌘ Für die Gesunderhaltung

Sitzbad bei Hämorriden, Furunkeln und anderen unangenehmen Beschwerden im Gesäßbereich: *10 g Malvenblüten* und -blätter und *10 g Kamille* mit ½ l kochendem Wasser überbrühen, 15 Minuten ziehen lassen, abseihen und mit warmen Wasser zu einem Sitzbad auffüllen. Das Sitzbad kann solange andauern, wie es als angenehm empfunden wird.

⌘ Für den Genuss

Hildegard von Bingen schrieb der Malve heilende Wirkung zu, hat aber von einem regelmäßigen Verzehr größerer Mengen abgeraten. Die noch unreifen Früchte (Käsleibchen genannt) sind früher wie

Erbsen gekocht worden. Es wurde Kinderbrei daraus gemacht, daher stammt der Name Papp oder Käspappel.

Sommertee

Man mische je ein Teil getrocknete *Malvenblüten, Zitronenmelisse, Erdbeerblätter, Pfefferminze* und *Apfelschalen* und schon hat man einen erfrischenden Sommertee.

∞ Magie

Sich mit Malvenblüten zu umgeben, hat eine beruhigende Wirkung bei Liebeskummer. Außerdem helfen die violetten Blüten der magisch arbeitenden Frau, ihre Fähigkeiten noch besser zu entfalten. Als Schwangerschaftstest wie in alter Zeit sollte die Blume besser nicht mehr genutzt werden, denn die Zuverlässigkeit ist eher zweifelhaft.

Schafgarbe
(Achillea millefolium)

*B*in ich ein Schafkraut, das Kraut der Schafe? Ihr habt mich so genannt, weil ich damals an diese Tiere gezielt verfüttert worden bin. Ein paar kluge Schäfer haben wohl bemerkt, dass die Tiere, die besonders viel Schafgarbe fressen, mehr Milch geben. Und so begann dann meine Karriere als Milch produzierende Futterpflanze. Wenn es so ist, dass ihr uns nach unseren Eigenschaften oder Wirkungsweisen benennt, müsste ich noch viele andere Namen tragen. Ähnlich wie eure Könige und Kalifen oder diese Pippi Langstrumpf, wären einige Vor- und Zunamen nötig, um meinen zahlreichen Wirkungsweisen gerecht zu werden.

Frauenretter, Mädchenglück, Achillespflanze oder Geisterschreck von Magiershausen wäre beispielsweise eine gute Namenskombination. Denn ich bin in der Tat in vielerlei Hinsicht sehr hilfreich. Der englische Arzt und Botaniker Nicholas Culpeter (1616 – 1654) ordnete viele Pflanzen den Planeten und ihren Eigenschaften zu. Ein sehr fortschrittlicher Geist war dieser Herr Culpeter. Mich hat er auch erwähnt. Aber wie sollte er auch nicht, bei meinen vielen Vorzügen? Er hat mich der Venus zugeordnet, das hat er gut gemacht. Alles, was mit der Liebe und dem Weiblichen in Verbindung gebracht wird, im Guten wie im Beschwerlichen, an diesen Stellen kann ich hilfreich und unterstützend wirken. Um das herauszufinden, bedurfte es aber nicht unbedingt eines Medizinstudiums. Die Kräuterfrauen der alten Zeiten wussten dies auch ohne Astrologie oder Medizin studiert zu haben. Sei`s drum, bei euch ist es halt so, dass erst das geschriebene Wort, möglichst von einflussreichen Personen, aus einem Unkraut eine anerkanntes Heilkraut macht.

Ob nun nur der Herr Botaniker oder auch noch andere die folgende Meinung vertreten, weiß ich nicht mit Bestimmtheit. Jedoch ist mir zu Ohren gekommen, dass einige von meinem Wuchs auf meine Eigenschaften geschlossen haben und davon überzeugt waren, dass diese sich auf Menschen oder Tiere übertragen lassen. Vielleicht indem sie mich einnehmen, etwa in Form von Tee, Tinkturen benutzen, Bäder oder Bildmeditationen machen. Ich weiß nicht, was euch dazu alles so einfällt. Wäre dem wirklich so, dann würden diese Menschen Eigenschaften wie bescheidene Schönheit (viele kleine hübsche Blüten), Zähigkeit (versuche mich zu pflücken, mein Stängel ist viel stärker als es den Anschein hat), Durchhaltevermögen und Aufrichtigkeit in sich aufnehmen. Dumm nur, dass die meisten Menschen mich für wertloses Unkraut halten, das am Wegesrand wächst. Selbst schuld.

❧ Man nennt mich auch
Schafzunge, Bauchwehkraut, Blutstillkraut, Tausendblättchen

❧ Wann und Wo
Den ganzen Sommer über begegnet einem dieses heilkräftige Kraut mit seinen vielen kleinen weißen, manchmal auch rosa Blüten, die scheibenförmig angeordnet an ihm wachsen. Die Pflanze liebt sonnige Standorte und ist in ganz Europa auf Wiesen, an Wegrändern, Bahndämmen und Schutthalden zu finden.

❧ Ernten und Verarbeiten
Die Blüten und Blätter können getrocknet und auch frisch verwendet werden; innerlich als Tee oder auch den Frischsaft äußerlich aufgetragen. Maria Treben empfiehlt zusätzlich noch Salben, Sitzbäder und Tinkturen aus der Pflanze.

❧   Anwendungsbeispiele
Schafgarbe zählt zu den ältesten Heilkräutern und ist eines der wirkungsvollsten Frauenkräuter. Hilfreich bei mannigfachen Beschwerden, die junge Frauen mit der Menstruation, ältere Frauen mit den Wechseljahren haben. Zudem sagt man dieser Pflanze eine allgemein blutreinigende Wirkung nach.

❧ Für die Gesunderhaltung
Schafgarbensalbe gegen Hämorriden, Furunkel und wunde Brustwarzen: 50 g Butter mit 50 g Kokosfett erwärmen, 15 g Schafgarbenblüten und 15 g Königskerzenblüten dazugeben, kurz aufkochen lassen, anschließend 24 Stunden ziehen lassen; das Ganze noch einmal erwärmen, durch ein Tuch seihen und die Salbe im Kühlschrank aufbewahren. Zweimal täglich auf betroffene Stellen streichen.

❧ Für den Genuss

Blütenlimonade

2 Handvoll Schafgarbenblüten werden gut ausgeschüttelt, um kleine tierische Bewohner zu vertreiben, und dann vorsichtig gewaschen. Diese mit *2, in dünne Scheiben geschnittenen Limetten* und *130 g Rohrohrzucker* in *1 l Wasser* kräftig aufkochen und über Nacht an einem kühlen Ort ziehen lassen. Anschließend durch ein Tuch abseihen und gekühlt genießen. Wenn ein fröhlicher Weiberabend ansteht, die Wasser- und Zuckermenge halbieren und das Ergebnis zur Hälfte mit Sekt auffüllen – köstlich!

❧ Magie

Schafgarbe stärkt all jene, die sich für andere aufopfern, denen es schwerfällt, für sich selbst einzustehen. Wer Mut und Durchsetzungsvermögen für die eigenen Interessen benötigt, sollte einen Schafgarbentee trinken bevor der Tag beginnt.

August

Erntezeit – Schweiß und Arbeit – die Scheunen füllen sich

 Beifuß • Brombeere • Dost • Rainfarn

৩ Mentalübung „Ernte"

Nachdem im Juni das geistige Feld bestellt wurde, schauen wir bei der August-Übung nach, was aus der Saat geworden ist. Schließt an einem ruhigen Platz die Augen und stellt euch euer Feld vor: voll von wogenden, gut gewachsenen, satt-grünen Pflanzen; Reben, die unter ihrer Last schier zusammenbrechen; bunte Blumenfelder, die betörend duften. Das alles und noch mehr sind die Gedanken und Wünsche, die aufgegangen sind. Mit einem Korb geht man durch das Feld und erntet. Die Ernte ist gut, gesund und sehr reichhaltig. An nichts wird es uns in den Wintermonaten mangeln, denn wir haben gut für uns gesorgt.

Körperübung „Ernte"

Nun wird nach der geistigen Ernte auch sehr praktisch geerntet. Auch wer keinen Garten besitzt, findet in dieser Zeit in Wald und Flur reichlich. Mit einem kleinen Korb oder Eimer ausgestattet, erntet man während eines Spazierganges die Gaben der Natur. Ob Holunderdolden, Brombeeren oder Kräuter wie Dost, wilder Fenchel oder Sauerampfer, hängt allein von den eigenen Vorlieben und der Umgebung ab. Zu Hause bereitet man sich aus den gesammelten Schätzen dann eine Leckerei. Eine Kräutermischung, ein Gelee aus Beeren oder man setzt einen Likör an. Nahrung von der Ernte bis zum fertigen Resultat mit den eigenen Händen hergestellt zu haben, ist ein sehr befriedigendes Gefühl und erdet den Geist.

Beifuß
(Artemisia vulgaris)

M eine Pflanzenseele ist indianischer Natur, denn vor langer Zeit war ich auf diesem wilden, schönen Kontinent zu Hause, den ihr Amerika nennt. Die Indianer wussten meine immensen Kräfte gut einzusetzen und verehrten mich entsprechend. Hierzulande bin ich fast in Vergessenheit geraten, obwohl allein mein Erscheinungsbild euch sagen müsste, dass ihr da etwas Besonderes vor Augen habt. Denn ich wirke nur auf den ersten Blick unscheinbar. Bei näherer Betrachtung bemerkt man jedoch meine Blattunterseiten, die nicht wie oben ein einfaches Grün aufweisen; nein, sie schimmern fast silbern, und auch meine zahlreichen Blütenrispen halten in ihrem Inneren große Heilkräfte und magische Fähigkeiten verborgen.

Für manche von euch bin ich zu stark und löse Allergien aus. Alle anderen können nur profitieren. Ich schütze und behüte, ich heile und öffne euren Geist für das Übersinnliche. Auf das sogenannte dritte Auge wirke ich sehr stark und in der Johannisnacht vom 23. auf den 24. Juni kann ich meine Kräfte besonders gut entfalten.

„Kranke, kommt und bindet euch einen Gürtel aus meinem Kraute um, wandert um das Feuer und springt hindurch, dann verbrennt den Kräutergürtel und mit ihm eure Leiden. Und ihr, die ihr auf Reisen geht, durch fremdes Gebiet, einen kleinen Strauß aus mir um den Fuß gebunden, wird euch nicht ermüden lassen, weder wilde Tiere noch Gift oder böse Dämonen können euch etwas anhaben." So sprach man in alter Zeit.

Zerkleinert mein Kraut, verwendet es in eurer Küche und ich werde gut zu eurem Bauch sein – selbst das schwerste Essen wird euch nicht schaden. Ein guter Schluck Wein dazu wird diese Wirkung noch unterstützen. Meine Kräfte entfalte ich im frischen wie im getrocknetem Zustand gleichermaßen.

Die Ureinwohner in Nordamerika und Mexiko waren davon überzeugt: Wer Dinge sehen will, die ihm sonst verborgen bleiben, solle mich rauchen, denn dann werde er nicht nur Gelassenheit und tiefen Schlaf finden, sondern auch in Traumwelten gelangen, die ihm sonst verborgen bleiben. Vielleicht haben sie der Beifuß-Pfeife aber auch noch ein paar andere Zutaten beigemischt. Ich habe gehört, es soll da auch einige Pilze geben, die diese Eigenschaften besitzen.

Für die magisch arbeitenden unter euch bin ich der Vermittler zwischen den Welten und kann euren Geist für das Übersinnliche öffnen. Für die kulinarischen Genießer bin ich ganz einfach der ideale Begleiter im Bratentopf, der aus einem zu fetten Schweinebraten ein bekömmliches Festmenü macht. Menschen mit Gallenproblemen werden diese Fähigkeit sehr schätzen.

❧ Man nennt mich auch

Fliegenkraut, Wisch, Biefes, Wundkraut, Mutterkraut, Chinesische Moxo, Sailor`s Tobacco, Wilder Wermut

❧ Wann und Wo

Ursprünglich stammt die Pflanze aus Amerika und gelangte mit Getreidelieferungen nach Europa. Es ist ein mehrjähriges Kraut, das zwischen sechzig Zentimeter und zwei Meter hoch werden kann. Beifuß entwickelt an den oberen Stielen unauffällige Blütenrispen, die von Juli bis Oktober blühen. Zu finden ist er an Waldrändern und Wegen sowie auf Wiesen und anderen sonnigen bis halbschattigen Plätzen.

❧ Ernten und Verarbeiten

Man erntet das obere Drittel der Pflanze, die Blätter vor und während der Blüte, denn danach wird ihr Geschmack bitter. Frisch und getrocknet werden sie für Tee, Tinkturen, zum Räuchern und Rauchen, für Badezusätze und als Gewürz verwendet. Getrocknet wird der Beifuß an einem luftigen, schattigen Platz in Büscheln auf dem Kopf hängend.

❧ Anwendungsbeispiele

Viel zu selten wird das Kraut bei uns als Küchengewürz verwendet, als Tee zur Verdauungsregulierung und bei Menstruationsbeschwerden. Doch Vorsicht: Während der Schwangerschaft sollte man auf Beifuß verzichten.

❧ Für die Gesunderhaltung

All jene, die unter Schlafstörungen leiden, sollten es versuchen. Man nehme einen getrockneten, zerkleinerten Strauß Beifuß und fülle ihn in ein Kissen. Wer mag, kann gerne auch noch etwas Lavendel dazugeben. Bevor man sich schlafen legt, atmet man den Duft des Kräuterkissens tief ein. Nach Möglichkeit dabei ganz tief in den Bauch atmen und die flache Brustatmung vermeiden. Nun lege man das Kissen unter den Kopf oder in Kopfnähe und schlafe wohl.

❧ Für den Genuss

Wildes Gulasch

1 Kg Wildschweingulasch wird mit folgenden zerkleinerten Zutaten in Öl angebraten: *500 g Zwiebeln, 2 Knoblauchzehen* und *1 Stück frischer Ingwer*. Nun werden *2 bis 3 Zweige Beifuß gehackt, Rosmarin* und ein *wenig Salbei* im Mörser zermahlen und dazugegeben. *Paprika, Salz und Pfeffer* obendrauf, *1/8 bis 1/4 l Rotwein* angießen und das Ganze schön langsam schmoren lassen.

„Geflügelter Genuss"

Das Rezept schmeckt auch mit Hähnchen sehr lecker. *Die Ente* (oder das Hähnchen) wird gewaschen, trocken getupft und mit einer Masse aus folgenden klein gewürfelten Zutaten gefüllt: *1 Stück Sellerie, eine halbe Stange Lauch, 1 Apfel, 1 Zwiebel, 2 Knoblauchzehen, 1 Chilischote, klein gehackter Beifuß*, wilder Oregano (Dost), nach Belieben noch ein wenig *Ysop, frische Minze und ein paar Salbeiblätter, frisch oder getrocknet*. Die Füllung mit *Salz, Pfeffer, Kurkuma, Galgant* und einem kräftigen *Schuss Olivenöl* abschmecken, *abgeriebene Schale* und den *Saft einer Orange* hinzufügen und alles gut vermengen.

Nun die Ente damit füllen und in einen ausreichend großen Bräter setzten. Drumherum verteilt man *2 grob zerkleinerte Tomaten, 1 Paprika* sowie die restliche Füllung, falls vorhanden. Die Ente im Backofen die ersten 75 Minuten mit geschlossenem Deckel bei 150 Grad und die nächste Stunde bei 180 Grad offen garen. Flüssigkeit kann in Form von Gemüsebrühe oder Wein dazugegeben werden. Die Ente immer wieder damit begießen. Die Garzeit hängt natürlich vom Gewicht des Tieres ab. Nachdem das Geflügel nun schön knusprig braun aus dem Ofen kommt, wird es in grobe Stücke zerteilt, die Füllung mit der Soße püriert und kräftig abgeschmeckt. Mit einer Scheibe frischem, ofenwarmen Brot und einer großen Schüssel Salat wird das Ganze zu einem wahren Festschmaus.

☙ Magie

Beifuß gilt als eines der neun heiligen Kräuter und ist ein sehr wichtiges Schutz- und Heilkraut, das auch die Erweiterung aller Sinne bewirkt, Hellsichtigkeit fördert und für eine intensive Traumarbeit sorgt. Möchte man die Kraft des Krautes nutzen, sollte man vor der magischen Arbeit ein Vollbad mit Beifuß-Sud nehmen, das getrocknete Kraut rauchen oder damit räuchern.

Echte Brombeere
(Rubus fruticosus)

*I*hr mögt mich vielleicht als stachlige, rankende Plage ansehen, die sich unkontrollierbar ausbreitet. Wie falsch ihr doch liegt. Das Wort Plage klingt ja so, als sei ich mit der Pest in einem Atemzug zu nennen – das kann ja wohl nicht euer Ernst sein, denn meine wunderbar köstlichen Früchte, die wollt ihr schon. Doch ohne Fleiß keine Preis, so heißt es doch in eurer Welt. Wer an die dunklen Beeren-Schätze will, muss sich erst einmal durch meine stachligen Arme kämpfen.

Ja, so bin ich halt, hartnäckig und unverwüstlich, wirke äußerlich sehr unbequem und für euch Menschen nicht gerade einladend. Ich umranke und erobere mein Umfeld, ganz gleich ob Zaun, Baum oder Strauch. Nichts hält mich auf. Meine Abwehrmechanismen könntet ihr eigentlich in eurer Welt sehr sinnvoll einsetzen. Erinnert ihr euch an das Märchen von Dornröschen? Das Schloss, in dem dieses Dornröschen schläft, ist von einer riesigen Mauer aus Dornenhecken umgeben, und niemand scheint hindurch zu kommen. Jedenfalls nicht, bis besagter Prinz auftaucht. Und, klingelt schon was in euren Köpfen? Nicht? Dann muss ich euch wohl auf die Sprünge helfen.

Das Märchen soll darauf hinweisen, dass ich für euch sehr nützlich sein kann. Wahrscheinlich könntet ihr eine Menge Geld und Material sparen, wenn ihr die Bereiche, die ihr schützenswert findet, statt mit Zäunen, Riesenmauern und Stacheldraht einfach mit einer der besten biologischen Pflanzenarmeen umgeben würdet, und zwar mit mir. Wenn ich schön dicht gewachsen bin, möchte ich den sehen, der freiwillig den Versuch unternimmt, durch mich hindurch oder über mich hinweg zu klettern. Doch vielleicht ist diese Lösung einfach zu simpel, als dass ihr darauf kommen würdet, und so bleibe ich für euch wahrscheinlich eher eine dornige Plage.

Fragt einmal das fliegende kleine Volk nach mir, welche Lobeshymnen werdet ihr da über mich hören. Für die Bienen und Schmetterlinge, die ständige meine Gäste sind, bin ich eine Paradieswiese, das Dornenschloss, der Ort, an dem sich alle ihre Nektarträume erfüllen, denn hier können sie ungestört schlemmen. Und noch vielen anderen Kleintieren biete ich in meinen stachligen Armen Schutz vor dem Feind.

Ihr seht also, es kommt einfach nur darauf an, aus welcher Perspektive man die Dinge betrachtet. Ihr wollt mich also nicht in die Rubrik „Nützliche Dinge, die die Natur uns bietet" aufnehmen und als Schutzwall nutzen? Schade eigentlich.

Besonders schlaue Menschen, die meine Früchte etwas bequemer ernten wollten, haben mich kultiviert. Es gibt eine abgeschwächte Form von mir in euren Gärten. Diese Sträucher haben keine Stacheln, die Beeren sind viel größer und lassen sich leichter pflücken und verarbeiten. Aber vergleicht einmal ein paar Beeren aus der freien Wildbahn mit denen aus eurem Garten. Und? Ja, das ist der Preis, den man für das Kultivieren zahlt. Aus hocharomatischen, köstlichen Beeren werden große, glänzende Möchtegernbrombeeren, die langweilig und fade schmecken.

∞ Man nennt mich auch
Bramel, Brämel, Brombesing, Bromedorn, Bromelbeere, Brumenbeere, Frombeere, Hirschbollen, Kratzbeere, Kratzelbeere, Moren, Rahmbeere

∞ Wann und Wo
Der Strauch der Brombeere blüht weiß im Frühsommer und bildet im Herbst wohlschmeckende dunkelblaue bis schwarze Früchte. Nicht nur dort, wo die Sonne scheint, ist er anzutreffen. Wenn er sich einmal an einem Platz niedergelassen hat, gibt er diesen so schnell nicht auf und erobert sich ein immer größeres Gebiet. Der Brombeerstrauch wächst bis zu drei Meter in die Höhe und ist außer in Europa auch in Nordamerika, Nordafrika und im asiatischen Raum zu finden. Es gibt viele Arten, und seit dem 19. Jahrhundert wird die Brombeere kultiviert.

∞ Ernten und Verarbeiten
Geerntet werden die Blätter und Früchte des Strauches. Sie können sowohl frisch als auch in getrocknetem Zustand verwendet werden – als Tee, als Tinktur oder in vielfältiger Form natürlich auch in der Küche.

ℭℜ Anwendungsbeispiele

Die Brombeerblätter werden in der Heilkunde von Alters her wegen ihrer blutreinigenden und schleimlösenden Wirkung eingesetzt. Auch bei Durchfall wurde die Brombeere angewendet. Wegen ihres hohen Vitamingehalts ist sie natürlich eine Wohltat und stärkt das Immunsystem. Als Gelee auf frisch gebackenem Brot oder als heißer Sirup über ein Eis gegossen, sorgen die Früchte für einen besonderen Gaumenschmaus.

ℭℜ Für die Gesunderhaltung

Ein Tee aus den Blättern der Brombeere wirkt sich nicht nur positiv auf den Darm aus, er soll auch eine blutreinigende Wirkung haben. Man nimmt pro Tasse zwei Teelöffel Brombeerblätter, übergießt sie mit kochendem Wasser, lasse das Ganze zehn Minuten ziehen und süße den Tee nach Geschmack.

ℭℜ Für den Genuss

„Eiskönigin mit Beere"

Gewaschene *Brombeeren* werden durch ein Sieb passiert oder im Fleischwolf mit entsprechendem Aufsatz entsaftet. Die entstandene Masse wird mit *Zucker* eingekocht, bis sie eine dickliche Konsistenz hat. Zum Schluss mit einem Schuss *Amaretto* abschmecken und über einen Eisbecher gießen, der idealerweise aus *einer Kugel Schoko- und einer Kugel Vanille-Eis* besteht. Darüber *geröstete, gehackte Nüsse* nach Wahl streuen und vielleicht noch einen kleinen Turm aus *Schlagsahne* obendrauf setzen. Und wehe, jemand fängt an Kalorien zu zählen!

„Kobold-Schmaus"

300 g Mehl werden mit *4 Eigelb, 1 Prise Salz, 100 g Zucker* und *so viel Milch* verrührt, bis ein zähflüssiger Teig entsteht. Nun das *steif geschla-*

gene Eiweiß unterheben und die Masse eine Viertelstunde quellen lassen. Rapsöl in einer Pfanne erhitzen, Teig hineingeben, die *Brombeeren* obenauf verteilen und mit backen. Kurz wenden, anschließend dick mit einem leckeren *Zimt-Zucker-Gemisch* bestreuen, und fertig ist ein herrlich ungesundes, köstliches Mittagessen für Schleckermäuler.

◌ℛ Magie

Nach alter Sage kann man eine Krankheit abstreifen, indem man durch eine Brombeerhecke kriecht. Je nach Wohngebiet sollte man sich heutzutage allerdings überlegen, welches das kleinere Übel ist: die Krankheit oder Zeckenbisse samt Folgeerscheinungen.

Dost
(Origanum vulgare)

$\mathcal{N}$ach all den Jahren, die ich nun schon hier bei euch im mitteleuropäischen Raum weile, ist es mir endlich warm genug. In meiner südeuropäischen Heimat ist es um einige Grade wärmer. Aber wir Kräuterpflanzen haben das Talent, uns den widrigsten Umständen anpassen zu können, wenn es erforderlich ist. Denn unser Bestreben ist es, zu wachsen und zu gedeihen. Zusätzlich habe ich mir noch ein paar andere Attribute auf meine Pflanzenfahne geschrieben. Nur wachsen und gedeihen finde ich zu wenig, und deshalb habe ich bei meiner Entstehung noch darum gebeten, heilen und Freude spenden zu können; eine hübsche Blütenfarbe fand ich auch wichtig. Ich weiß, Optik ist nicht alles. Daher habe ich noch einen Wohlgeruch bestellt, der lockend und betörend wirkt. Es ist alles zu meiner größten Zufriedenheit erfüllt worden. Als Zugabe bekam ich noch eine robuste Natur, die mich an fast allen Standorten gedeihen lässt. An dieser Stelle ein großes Dankeschön, wer auch immer dieses Wunder vollbracht hat. Ich hätte ja auch wirklich Pech haben können und meine Bestellung wäre in die falschen Hände geraten. Stellt euch nur vor, was hätte da nicht alles schiefgehen können.

Überlegt mal, man hätte mir versehentlich die Wunschliste der Mistel erfüllt! Dann wäre ich wie dieser freifliegende Schmarotzer am Baum, und das, wo ich nicht schwindelfrei bin! Oder noch schlimmer, im dunklen Wald, auf modrigem Boden wachsen und übelriechend mein Umfeld verpesten wie die Stinkmorchel, igitt. Wie gesagt, ich bin wirklich dankbar und äußerst zufrieden mit mir, so wie ich bin.

So ist das, und nun stehe ich hier und kann nicht anders. Ich weiß, das hat euer Luther auch schon gesagt. Aber der hatte zwei Beine und konnte gehen. Ich stehe wirklich hier und bleibe auch an diesem Ort, bin für die Honigbienen und Schmetterlinge ein Fünf-Sterne-Restaurant, für den Spaziergänger, der vorübergeht, eine Augenweide, und wer mich zwischen den Fingern zerreibt und meinen Duft einatmet, begreift, dass nur die Natur die wirklichen Schätze hervorbringt, die das Herz leicht und den Kopf frei machen – und das alles, ohne Kosten zu verursachen. Das nenne ich mal ein gutes Preis-Leistungsverhältnis. Der einzige Preis, den ihr Menschen dafür zahlen müsst, ist aufstehen, rausgehen, die Augen aufmachen und euch umschauen, was in eurer nächsten Umgebung so alles an kleinen Wundern wächst. Eigentlich keine wirklich schwierige Aufgabe, oder?

○⃝ Man nennt mich auch

Oregano, Dorant, Dosten, wilder Majoran, Wohlgemut, Ohrkraut, Müllerkraut, Frauendosten, Berghopfen

○⃝ Wann und Wo

Die mehrjährige Pflanze, die bis zu 70 Zentimeter hoch werden kann, blüht von Juni bis in den Oktober hinein mit ihren zahlreichen, hellvioletten Blüten. Der wohlduftende, ursprünglich aus dem Mittelmeerraum stammende Dost ist schon lange in allen gemäßigten Zonen anzutreffen und bevorzugt sonnige Standorte und eher magere Böden.

○⃝ Ernten und Verarbeiten

Die sonnige Mittagszeit ist der beste Zeitpunkt, um das Kraut zu sammeln, denn dann ist sein Aroma voll entfaltet. Man schneidet die Stiele, die sich in voller Blüte befinden sollten, eine Handbreit über dem Boden ab. Bitte nie ganze Bestände nehmen, ein paar Zweige sollten stehen bleiben. Man bindet nun Sträuße und hängt sie an einem dunklen, trockenen Platz zum Trocken auf. Anschließend kann man die Blätter und Blüten abstreifen und in Dosen oder Gläsern aufbewahren. Natürlich ist Dost frisch ebenfalls sehr schmackhaft und vielseitig einsetzbar.

○⃝ Anwendungsbeispiele

Die Küche bietet ein breites Anwendungsspektrum für dieses Kraut. Es bewahrt getrocknet sein intensives Aroma und kommt in vielen klassischen italienischen Gerichten zum Einsatz, jedoch auch eine wirklich gute deutsche Hausmacher Leberwurst bekommt durch dieses Gewürz erst den richtigen Pfiff. In der Heilkunde ist es als Tee, Tinktur, Öl oder in Hustensäften anzutreffen.

ℭℛ Für die Gesunderhaltung

Appetitanreger

Etwa *100 g getrockneter Oregano* mit *100 g Honig* und *1 Flasche Rotwein* kurz aufkochen, abkühlen lassen, in ein Glas umfüllen, verschließen, 8 Tage ziehen lassen und das Glas täglich einmal umschwenken. Danach abseihen und täglich vor den Mahlzeiten ein Schnapsglas voll trinken. Nach schweren Erkrankungen oder bei alten Menschen, die häufig unter Appetitlosigkeit leiden, kann dieser Wein hilfreich sein.

ℭℛ Für den Genuss

Die deftige Leberwurst

Zutaten: *850 g Schweinebauch* (fett), *450 g Schweineleber, 2 klein gehackte gedämpfte Zwiebeln, 2 Knoblauchzehen, 1-2 gestrichene EL Dost/ Oregano, 15 g weißer Pfeffer, 25 g Salz, 1/2 TL Ingwerpulver, 1/4 TL Macis oder Muskat, 125 ml Kochbrühe,* Gläser mit Schraubverschluss

Die Zubereitung: Schweinebauch 30 Minuten köcheln (in 3 Liter Wasser, Zwiebeln, Karotten, Lauch, Sellerie), Leber mit kochendem Wasser überbrühen und etwa 3 Minuten ziehen lassen. Die gedämpften Zwiebel, Leber und Schweinebauch durch die 5-mm-Scheibe des Fleischwolfs drehen, mit den restlichen Zutaten etwa 10 Minuten lang gut vermengen. In Gläser füllen und bei 98 Grad eine Stunde einkochen, anschließend erst in warmem, dann in kaltem Wasser abkühlen lassen.

„Die Soße der Aphrodite"

Der Chili, der Zwiebel und auch der Tomate werden seit jeher anregende Wirkungen nachgesagt. Man mache sich bei der Zubereitung des folgenden Rezeptes zusätzlich ein paar warme Gedanken und nichts kann mehr schiefgehen.

Mit diesem Grundrezept kann man jede erdenkliche Pizza und die verschiedensten Nudelsoßen kreieren. Dazu nehme man *500 g frische* oder

1 Dose gewürfelte Tomaten und mische sie in einer Schüssel mit *2 EL Tomatenmark, etwas Wasser, 2 gehackten Knoblauchzehen, 1 feingewürfelten großen Zwiebel, 1 oder 2 Chilischoten, 1 EL getrocknetem Dost, Salz und Pfeffer nach Geschmack* und verrühre alles mit *reichlich Olivenöl.* Streicht man diese Soße auf einen Pizzaboden und streut Käse darauf, wird es eine köstliche Margherita, mit Oliven, Kapern und Sardellen obenauf ist es eine Napoli, mit Thunfisch,…ihr wisst schon, so kann man diese Liste ewig fortsetzen.

☙ Magie

Wenn der Lebensmut am Boden liegt und Verzagtheit unser Wesen bestimmt, sollte man sich mit Dost umgeben und seinen Duft einatmen, denn er besitzt die Fähigkeit, den Menschen aufzurichten und ihn wieder mit Fröhlichkeit zu erfüllen. Aus diesem Grunde eignet er sich nicht nur als geschmackvolles Küchenkraut, sondern erfüllt seine Wirkung ebenso, wenn man mit ihm ein Räucherritual durchführt, pur oder gemischt mit heiteren und aufbauenden Zutaten wie Orange, Zitronenmelisse oder Tonkabohnen.

Rainfarn
(Tanacetum vulgare)

asst mich oder liebt mich. Eure Einstellung mir gegenüber ist mir völlig gleichgültig. Aufgefallen ist mir, dass sich an fast keinem anderen Kraut die Geister so sehr scheiden wie an mir. Und woran liegt das? Jedenfalls nicht an meinem Wuchs oder meinem Aussehen. Nein, mein äußerliches Erscheinungsbild finden alle sehr ansprechend. Meine kleinen knopfähnlichen, netten gelben Blüten und meine farnähnlichen Blätter kann ein jeder nur hübsch finden.

Und aus diesem Grund gibt es mich sogar in manchen Gärten als Zierpflanze. Es liegt auch nicht daran, dass ich bei manchen von euch allergische Reaktionen hervorrufe. Zugegeben, ganz ausschließen kann ich es nicht, dass diese Eigenschaft oder meine Giftigkeit dafür verantwortlich sein könnten. Mein Gift hat sogar schon Kühen und Katzen zu schaffen gemacht. Ach, das mögen vielleicht kleine Begleiterscheinungen sein. Der Hauptgrund, aus dem ihr mich verschmäht, ist mein Geruch. Ich finde ihn herrlich intensiv und habe einmal eine Umfrage in meiner Wiesennachbarschaft durchgeführt, diesen Punkt betreffend. Fast alle unterstützen meine Meinung, dass ich ein wertvolles, schönes und wohlduftendes Kraut bin und dass die Zurückweisung in der Menschenwelt eine Verunglimpfung meiner Persönlichkeit darstellt. Besonders stark eingesetzt für mich haben sich verschiedene Schmetterlingsarten und viele Käfer, die aber nicht persönlich genannt werden möchten. Na gut, ein paar Abtrünnige sind schon dabei gewesen. Aber ich bitte euch, wer legt schon Wert auf die Meinung von Kartoffelkäfern und anderen Schmarotzerinsekten?

Einer meiner nettesten Pflanzennachbarn, der Beifuß, wollte von mir nach den Umfrageergebnissen wissen, ob man diese denn nun auch auf die menschliche Natur übertragen könne. Das habe ich nicht gleich verstanden. „Na, ich meine, bei deiner Pflanzenumfrage haben sich die Schmarotzerinsekten negativ über dich geäußert", erklärte er mir. „Lässt das nun den Umkehrschluss zu, dass die Menschen, die dich nicht mögen, zu der menschlichen Schmarotzergattung gehören?" Fragen kann der Beifuß einem stellen! Was soll ich ihm denn darauf antworten? Wenn ihr eine Antwort wisst, schreibt uns doch unter www.aufdergroßenwiese.de oder kommt mal vorbei und erzählt uns eure Einschätzung zu diesem Thema. Wir sind immer sehr interessierte Zuhörer.

ଔ Man nennt mich auch
Wurmkraut, Rehfarn, Tannkraut, Westenknopf, Drusenkraut, Reinefaren

ଔ Wann und Wo
Von Juli bis September ist der Rainfarn an sonnigen, nicht zu trockenen Standorten mit seinen vielen kleinen gelben Blüten und farnähnlichen Blättern anzutreffen. Er hat eine Wuchshöhe von vierzig bis hundertsechzig Zentimeter und wächst in Europa und Asien.

ଔ Ernten und Verarbeiten
Vor einem Gebrauch in der Küche oder innerlich sei an dieser Stelle gewarnt. Jede Rainfarnart ist leicht giftig, manche Unterarten sogar stark. Nichtsdestotrotz ist es eine sehr nützliche Pflanze.

ଔ Anwendungsbeispiele
Rainfarn wird heute in der Parfümherstellung, der Gartengestaltung und Medizin eingesetzt. Man kann ihn beispielsweise als Badezusatz oder Insektenvertreiber verwenden.

ଔ Für die Gesunderhaltung
An dieser Stelle steht die Gartengesundheit und im Speziellen die der Kartoffelpflanze im Mittelpunkt. Um den allseits unbeliebten Kartoffelkäfer nachhaltig fernzuhalten, sollte man um das Beet herum Rainfarn anpflanzen.

ଔ Für den Genuss
Genuss ist schwierig zu definieren, denn am Geruch des Rainfarns scheiden sich, wie schon erwähnt, die Geister. Für die Menschen, die von diesem Duft angezogen werden, ist eine Bepflanzung unterhalb ihrer Fenster nicht nur für die Nase ein Erlebnis, gleichzeitig ist es auch eine dekorative Insektenabwehr.

○R Magie

Ein Amulett aus Rainfarn bei sich zu tragen, gilt als guter Schutz gegen Schmarotzer und Energieräuber jedweder Art. Es gibt verschiedene Möglichkeiten, ein solches Amulett herzustellen, man kann es in Harz gießen oder das getrocknete Kraut in einen kleinen Beutel aus Leder oder Stoff legen. Wichtig ist, jedes Amulett im Licht des zunehmenden Mondes aufzuladen.

September

der Sommer geht – die Natur bereitet sich auf den Herbst vor –
die Tiere sammeln Vorräte – verbleibenden Sonnenstunden nutzen

 Hirtentäschel • Hopfen • Kamille • Spitzwegerich

❦ Körperübung „Selbstbewusstsein"

Diese Übung ist insbesondere, aber natürlich nicht nur für all jene geeignet, denen es schwerfällt, für sich selbst einzustehen, Raum einzunehmen und sich Gehör zu verschaffen. Wichtig hierbei ist es, wirklich LAUT zu sprechen. Man stellt sich mit leicht gegrätschten Beinen hin und spricht den folgenden Satz wirklich sehr LAUT: „ICH BIN ICH UND WO ICH BIN KOMMT NIEMAND HIN!" Um die Wirkung zu verstärken, wird gleichzeitig mit dem Fuß aufgestampft und mit den Fäusten gestikuliert. Na, das war doch noch viel zu zaghaft, lasst eure Kraft und ruhig auch eure Wut raus. Also noch mal. Aufrecht hinstellen, stampfen und klar und laut rufen: „ICH BIN ICH UND WO ICH BIN KOMMT NIEMAND HIN!" Schon besser, nicht wahr?

❦ Mentalübung „Schutzkreis"

Wenn die Tage kürzer werden, neigt der Mensch gelegentlich dazu, melancholisch zu werden oder sich angreifbar zu fühlen. Diese Übung bietet Kraft und Sicherheit. Man legt sich hin, sieht sich selbst vor dem geistigen Auge und bildet nun aus weißem Licht einen undurchdringlichen Schutzkreis um sich herum. Wenn das weiße Licht nicht das gewünschte Gefühl der Sicherheit hervorruft, kann man experimentieren; vielleicht sind es bei dem einen Mauern oder starke Zäune, bei dem anderen die Dornröschenhecke, die drei Musketiere oder eine Schar von Auroren, die Sicherheit und Schutz bieten. Wann immer es erforderlich ist, kann man sich mit diesem inneren Bild stärken.

Hirtentäschelkraut
(Capsella bursa-pastoris)

*I*ch bin eine Pflanze mit auffällig-unauffälligen Merkmalen, obwohl mich viele am Wegesrand einfach übersehen. Mit euren
Worten könnte man auch sagen, stille Wasser sind tief. Das trifft auf
mich zu. Auch wenn ich nicht gleich ins Auge falle, ein Blick auf meine Samenschoten lohnt sich in jedem Fall. Bei diesem Teil von mir
hat sich Mutter Natur richtig Mühe gegeben. Sie sehen aus wie zwei
kleine wohlgeformte Herzen, die miteinander verwoben sind. Von
diesen Herzen wachsen sehr viele an jedem meiner Stiele. Sie sehen
lustig aus, wenn sie sich im Wind bewegen. Besonders erfreuen sie

euer Auge in den ganz frühen Morgenstunden, wenn die Tautropfen auf ihnen in den ersten Sonnenstrahlen glitzern und funkeln wie kleine Diamanten. Und in diesen kleinen Schoten schlummern Kräfte, die euch sehr nützlich sein können. Der Beiname Blutkraut weißt schon darauf hin, dass ich auf das Blut und alles, was damit in Zusammenhang steht, eine positive Wirkung habe.

Meine Blattrosette dicht am Boden, aus der mein Stiel rank und schlank nach oben wächst, erinnert euch auf den ersten Blick vielleicht an Löwenzahn oder Rucola, und kann auch wie dieser in der Küche eingesetzt werden. Die leichte Behaarung meiner Blätter ist das Unterscheidungsmerkmal zu den beiden genannten. Die jungen Blätter sind selbstredend am schmackhaftesten.

Astrologen, die sich mit Pflanzen beschäftigen, sagen, ich sei dem Mond und dem Saturn zugeordnet. Für sie ist der Mond ein weiblicher und der Saturn ein männlicher Planet. Wenn ich so etwas höre, muss ich schon staunen. Wie bekommen die das bloß heraus? Wie können sie einen Planeten einem Geschlecht zuordnen, der Abertausende von Kilometern entfernt ist und nur durch so ein komisches Glas sichtbar wird? Woher wollen sie wissen, dass der Mond launisch wie eine Frau und der Saturn dominant wie ein Mann ist? Nun ja, ob ich auf diese Fragen noch eine befriedigende Antwort erhalte, wage ich zu bezweifeln. Aber gehen wir einfach einmal davon aus, es sei wahr. Schließlich scheinen ja eine Menge Menschen diese Behauptung für bare Münze zu nehmen.

In diesem Falle würde ich den Astrologen zustimmen, die sagen, dass ich sowohl männliche als auch weibliche Attribute besitze. Denn meine Zähigkeit und Ausdauer, überall, selbst unter den schwierigen Umständen meinen Platz zu behaupten, ist eindeutig eine männliche Eigenschaft. Meine Fähigkeiten, Blut zu stillen, vielen Frauen ein helfendes Kraut zu sein und seherische Qualitäten zu unterstützen, sind nur einige meiner weiblichen Pflanzenattribute. In der Naturheilkunde erzählt man sich, dass ich den Blutdruck sowohl nach unten als auch nach oben regulieren kann. Dies mag für manch einen ein klassischer Beweis für weibliche Sprunghaftigkeit und Launenhaftigkeit sein. Charmanter ausgedrückt ist es die Fähigkeit, sich den gegebenen Situationen anzupassen. Es ist halt alles Auslegungssache.

Ich bin sozusagen der lebendige Beweis dafür, dass das Männliche und das Weibliche sehr gut zusammenpassen. Zumindest wenn diese Eigenschaften in einer Pflanze vereint sind. Bei euch, die ihr ja streng in weiblich und männlich unterscheidet, scheint die Sache häufig etwas komplizierter zu sein.

ᖇ Man nennt mich auch
Hungerkraut, Bettseicherl, Herzel, Flöhseckel, Blutkraut, Gänsekresse, Täschelkraut

ᖇ Wann und Wo
Hirtentäschelkraut findet man ganzjährig an Wegen, Böschungen, auf Äckern und in Gärten. Den herzförmigen Schoten, die an den dünnen Stängeln dieser ein- bis zweijährigen Pflanze wachsen, verdankt sie einen Teil ihrer weiteren Namen. Das Hirtentäschel wird zehn bis dreißig Zentimeter hoch und trägt das ganze Jahr Blüten und Früchte gleichzeitig.

ᖇ Ernten und Verarbeiten
Die oberen zwei Drittel der Pflanze können während der gesamten Wachstumsperiode gesammelt und frisch zu Tee, Tinkturen und Umschlägen verarbeitet werden. Da die Wirkung bei dem getrockneten Kraut schnell nachlässt, empfiehlt sich die Verwendung der frischen Pflanze oder der alkoholische Auszug.

ℭℛ Anwendungsbeispiele

Auch Blutkraut wird Hirtentäschel genannt und wurde bei Blutungen vielerlei Art angewandt, ob starke Menstruationsblutungen, heftig blutende Wunden oder Nasenbluten. Es gehört auch zu den kreislaufausgleichenden Kräutern. Maria Treben setzte es in Verbindung mit Frauenmantel bei Gebärmutter- und Darmvorfall sowie bei Muskelschwund ein.

ℭℛ Für die Gesunderhaltung

Hirtentäschel-Tinktur

Das frische Kraut mit Blüten und Stängeln klein schneiden und ein gut verschließbares Gefäß zu 3/4 damit füllen. Nun einen hochprozentigen Schnaps angießen. Die Mischung 14 Tage an einem warmen Platz oder in der Sonne stehen lassen, anschließend abseihen.

Um Blutungen zu stillen oder nach Geburten hat man früher 10 – 15 Tropfen in einem kleinen Glas mit Wasser verdünnt eingenommen und dies alle Viertelstunde wiederholt, bis die Blutung merklich schwächer wurde.

ℭℛ Für den Genuss

Die in der Pfanne leicht gerösteten Schoten geben jedem Salat den richtigen Pfiff. Es ist allerdings eine wahrlich mühselige Arbeit.

ℭℛ Magie

Die Kraft, Blutungen zu stillen ist nichts anderes als die Möglichkeit, Lebensenergie zu erhalten. Hat eine Person das Gefühl, dass ihre Lebensenergie sie verlässt und sie schwach wird, sollte sie eine Zeit lang Hirtentäschel-Präparate in Form von Tee oder Tinkturen zu sich nehmen und bei der Einnahme visualisieren, wie die Kraft zu ihr zurückfließt, sie durchströmt und sie wie ein schützender Schild aus hellem Licht umgibt.

Hopfen
(Humulus lupulus)

*I*ch bin eine soziale Pflanze, die gerne mit anderen zusammen ist. Im Gegensatz zur Brombeere, die alle anderen Pflanzen von ihren Standorten vertreibt, nutze ich diese als Kletterhilfe. Die, die ich mit meiner Gegenwart beehre, finden meinen intensiven Geruch äußerst angenehm. Er beschere ihnen schöne Träume, sagen sie mir. Nicht nur mit dem Angenehmen und Schönen werde ich in der Pflanzen-, Tier- und Menschenwelt in Verbindung gebracht. Auch rege ich eure Fantasie an und wecke tief schlummernde Visionen. Daneben wirke ich ausgleichend und beruhigend. Außerdem soll ich einen Inhaltsstoff haben, der eurem weiblichen Hormon Östrogen ähnlich ist.

Ich wurde in Klöstern bei den Mönchen kultiviert, da hat das Handwerk der Bierherstellung seinen Anfang. Denn das weiß nun wahrlich jedes Kind, ohne Hopfen kein Bier. „Hopfen und Malz, Gott erhalt's." Es soll so um das Jahr 820 n. Chr. bei den Benediktinern erstmals gebraut worden sein. Den Brüdern sei Dank, denn was wäre die Welt heute ohne Bier!

Mein Erscheinungsbild ist das einer herben, rankenden, unauffälligen Schönheit mit rauen Seiten. Jeder, der sich auf mich eingelassen hat, kann kaum noch von mir lassen. Nicht nur weil ich Träume fördern, sondern auch eurem Körper Gutes tun kann. Dies hat mich bei euch Menschen fast unentbehrlich gemacht. Ihr verwendet mich sowohl für den alkoholischen Rausch als auch für die Schönheit. Gegen Schuppen, Haarausfall und Appetitlosigkeit setzt ihr mich genauso ein wie für magische Rituale. Solltet ihr einmal in den Genuss kommen, eine größere Menge meiner frischen Zapfen zu erhalten, nehmt beide Hände voll, atmet meinen herben, harzigen schweren Duft ein und ihr begreift sofort, warum ich so begehrt bin. Allein das Einatmen meines Duftes wird euch sogleich ruhig und gelassen machen. Ich bin der beste Begleiter für nervöse Gemüter.

Einer der Bäume, an denen ich mich hinaufwinden darf, meinte, meine Bedeutung als berühmtes Heilkraut für die Menschen sei in den letzten Jahren doch gewiss noch größer geworden. Auf meine Frage, wie er darauf komme, antwortete mir der Baum: „Die Menschen sind zur Zeit alle ganz versessen auf Dinge, die rechtsdrehend und essbar sind. Das ist angeblich für den menschlichen Körper besonders bekömmlich. Da du in der Pflanzenwelt eine rechtswindende Rankpflanze bist, ist doch eigentlich klar, was geschehen wird. Du wirst das begehrteste Kraut der Zeit, oder?"

Das ist ja ein Ding, dachte ich bei mir, ist das wirklich so? Wird Bier trinken nun vom Arzt verschrieben oder erhalte ich den Pflanzen-Nobelpreis? Ihr könnt auch eine Straße oder besser noch einen Park nach mir benennen. Der Hopfenpark am Waldsee zum Beispiel, klingt doch sehr ansprechend, oder?

○ Man nennt mich auch
Hopfenkätzchen, Bierhopfen, Hupfen, Zaunhopfen

○ Wann und Wo
Die mehrjährige Kletterpflanze, die im September ihre zapfenförmigen Früchte entwickelt, rankt in Bachnähe an Hecken und Zäunen. Sie kommt in ganz Europa, Asien und Nordamerika vor und wird für die Bierherstellung kultiviert und angebaut.

○ Ernten und Verarbeiten
Die jungen Blätter werden im Frühjahr, die Zapfen im Herbst geerntet. Sowohl frisch als auch getrocknet sind sie in der Küche zu verwenden, außerdem als Tee, Kräuterkissen, Badezusatz, Räucherwerk und natürlich als wichtige Bierzutat.

○ Anwendungsbeispiele
Wie oben schon erwähnt, ist ein Biergenuss ohne Hopfen kaum vorstellbar. In der Pflanzenheilkunde wird Hopfen bei nervösen Störungen der verschiedensten Art angewandt. Er wirkt einerseits appetitanregend und auf der anderen Seite wurde er in früherer Zeit eingesetzt, um extreme Triebhaftigkeit zu dämpfen und sexuelle Überreizungen, darunter auch vorzeitigen Samenerguss, zu behandeln.

○ Für die Gesunderhaltung
Menschen, die unter Schlafstörungen leiden, nehmen eine kleine Kissenhülle, füllen diese mit Hopfenzapfen und legen sie dicht neben den Kopf. Oder man genießt ein Vollbad, dem ein Sud (beste-

hend aus zwei Handvoll Hopfen in einem Liter Wasser gekocht und dann abgeseiht) zugesetzt wird.

❧ Für den Genuss
Die jungen Sprossen und Blätter können als Gemüse verwendet werden. Sie haben allerdings einen leicht harzigen, herben Geschmack, den man mögen muss. Einem Gemüse, das nicht viel Eigengeschmack hat, wie beispielsweise die Zucchini, geben sie eine interessante Note.

❧ Magie
Hopfen zählt zu den Hanfgewächsen. Sein starker aromatischer Duft in Form von Räucherungen eingeatmet, wirkt beruhigend auf den Geist, der sich dann für Schwingungen und Informationen aus den Tiefen unseres Bewusstseins und anderen Ebenen öffnen kann.

Kamille
(Matricaria chamomilla)

Wer nur meine Blüten anschaut und mich sonst nur in Form von Teebeuteln kennt, kann mich mit dem kleinen unschuldigen Gänseblümchen verwechseln. Doch wachse ich in Gruppen und stehe nicht wie dieses als einzelne Blüte auf der Wiese. Ich genieße die Gesellschaft von Gleichgesinnten und tausche mich gerne aus. Was erzählt man sich Neues über die Königskerze, die auf weiter Flur gerne einsam und allein steht? Ist sie wieder in melancholischer Stimmung? Wenn ich so etwas höre, wundert mich das nicht. Ständig alleine zu sein, schlägt aufs Gemüt, pflegte meine Pflanzengroßmutter immer zu sagen. Noch viele andere Fragen werden von uns erörtert, wenn wir so nett beieinander sind. Über den mächtigen Holunder, hatte er vielleicht wieder eine Vision? Kommt mir das zu Ohren, wird mir immer ganz schön unheimlich. Ist er doch einer der ältesten magischen Sträucher, die uraltes Wissen in sich tragen und sowohl mit dem Diesseits als auch mit dem Jenseits gute Verbindungen pflegen. Nachrichten von oder über ihn verbreiten sich oft von Pflanze zu Pflanze, manchmal überbringen aber auch Bienen, Schmetterlinge oder die frechen, vorlauten Krähen solche Botschaften. Bei letzteren bin ich aber immer vorsichtig. Ich kann mich des Gefühls nicht erwehren, dass sie sich manchmal einen Spaß daraus machen, uns kleine Kräuterpflänzchen zu ängstigen, indem sie die Botschaften mit gruseligen Details ausschmücken, die höchstwahrscheinlich nicht vom Holunder stammen. Ich fand es auch so erschreckend genug, als ich vor einigen Jahren hörte, dass die Kornblume in den nächsten Jahren großflächig aus diesen Regionen verschwinden wird, weil der Boden für sie hier nicht mehr geeignet ist. Ich wollte es ja zuerst nicht glauben. Schließlich gehören die Kornblumen zu meinen liebsten Pflanzennachbarn, mit denen ich mich herrlich über die guten alten Zeiten unterhalten kann. Doch nach zwei Wintern kamen sie wirklich nicht mehr wieder, und wir können gar nichts dagegen machen. Aus diesem Grund ist meine liebste Nachricht vom Holunder die, wenn es gar keine Nachricht gibt. Dann muss man sich auch nicht fürchten.

Wisst ihr eigentlich, dass ich zu einer der ältesten anerkannten Heilpflanzen gehöre? Ich wirke sehr sanft bei Mensch und Tier. Ist dies der Grund, warum ich so beliebt bei euch bin? Ich beseitige nicht nur Krankheiten auf eine fast zärtliche Art und Weise, auch jedes aufgeregte, nervöse und angespannte Gemüt kann sich durch meinen Einfluss beruhigen. Ich sorge für Entspannung und Wohlbefinden. Früher verehrten mich die Kelten ganz besonders. In allen Gegenden, wo man um die Kraft der Kräuter wusste, bin ich nicht nur zur Gesunderhaltung genutzt worden, sondern auch Teil vieler Rituale gewesen, wurde sogar in England von den zukünftigen Königen bei den Krönungsfeierlichkeiten mitgeführt. Ja, man wusste, dass ich heile und schütze, zentriere und Kraft gebe, das Böse fernhalte und den Geist sowohl klar als auch besonnen mache. Ich nehme an, man wollte diese Eigenschaften dem zukünftigen Herrscher mit auf den Weg geben.

ℭ Man nennt mich auch
Demutskraut, echte Kamille, Feldkamille, Mutterkraut, Drudenkraut, Hermünzel

ℭ Wann und Wo
Den ganzen Sommer über trifft man die Kamille auf Wiesen, Feldwegen, Waldwiesen und in Getreidefeldern an, sofern diese nicht völlig überdüngt und mit chemischen Unkrautvernichtungsmitteln behandelt worden sind. Die echte Kamille erkennt man an dem hohlen Blütenboden und ihrem herrlich aromatischen Duft.

ℭ Ernten und Verarbeiten
Die Blüten werden von Juni bis in den September hinein im besten Fall in der Mittagssonne gepflückt und entweder frisch verwendet oder auf engmaschigen Gittern getrocknet und dann luftdicht verschlossen für den weiteren Gebrauch aufbewahrt. Natürlich kann man aus der Kamille auch alkoholische Auszüge und Öle herstellen.

ℭ Anwendungsbeispiele
In der Kosmetik, der Babypflege und allgemein in der Medizin ist die Kamille ein viel verwendetes Heilkraut. Frauen, die nach einer Entbindung Sitzbäder in Kamille genießen durften, wissen um ihre wundheilende und desinfizierende Wirkung. Und wohl ein jeder hat

Wunden und entzündete Augen schon einmal mit Kamillentee ausgewaschen. Blonde Haare bekommen mit einer Spülung aus den Blüten einen wunderbaren Glanz.

ℭ Für die Gesunderhaltung

Der Liste der gesundheitsfördernden Anwendungsmöglichkeiten dieses unscheinbaren und doch so großartigen Heilkrautes würde den Rahmen dieses Buches sprengen, daher hier nur eine kleine Auflistung von Symptomen, bei denen Kamille hilfreich sein kann:

Unterleibsbeschwerden, Wundschmerzen, Blähungen, Durchfall, unreine Haut, Bindehautentzündungen, Hämorrhoiden, Schnupfen, Magenschmerzen, Menstruationsstörungen.........

ℭ Für den Genuss

Sparsam auf einem bunten Sommersalat verstreut, sehen Kamillenblüten nicht nur sehr dekorativ aus, sie geben dem Salat auch eine besondere geschmackliche Note.

ℭ Magie

Kamille ist ein Kraut, das auf kleine Kinder eine beruhigende und schützende Wirkung ausübt und bei jungen Frauen die magische Arbeit unterstützt. Kleinen Kindern hat man in der Vergangenheit Sträuße der Kamille zum Schutz vor Krankheiten über das Bettchen gehängt. Beim magischen Arbeiten ist eine Anwendung der Kamille in Form von Räuchern, nach einem Bad das Einölen des Körpers mit Kamillenöl oder auch eine Mahlzeit mit Kamillenblüten zubereitet und dann zeremoniell gegessen eine starke Unterstützung.

Spitzwegerich
(Plantago lanceolata)

ie knallige Sonne ist ja überhaupt nicht mein Fall! Wenn ich an einen Standort ohne Schatten nur denke, beginnen meine Blätter schon zu welken. Nein, nein, lieber hübsch schattig, gerne ein leicht feuchter Boden, dann wachse und gedeihe ich. Soll sich doch die Mohnblume in der heißen Sonne wiegen. Sie ist für mich ein abschreckendes Beispiel. Schaut sie euch doch an. Zuerst strahlt sie mit ihrer knallroten Blüte und ein jeder schaut sie an. Aber schon nach wenigen Tagen ist Schluss mit lustig. Dann ist sie nämlich schon futsch. Kaum da, schon wieder vergangen. Ich sage euch, das liegt nur an dieser Sonne, die lässt den Mohn schnell altern, und schon ist er verblüht. Da lob ich mir doch meinen schönen schattigen Platz, wo ich den ganzen Sommer bleibe.

Ich habe auch enge Verwandte, die mir in Aussehen und Wirkung ähnlich sind, jedoch ein kleines Figurproblem haben. Der Breitwegerich ist, wie sein Name ja schon vermuten lässt, für meinen Geschmack ziemlich aus der Form geraten und nimmt mit seinen fetten, breiten Blättern ganz schön viel Raum ein. Aber so ist das nun mal, die Verwandtschaft kann man sich nicht aussuchen.

Manchmal bekomme ich Besuch von einer Frau, die sogar zu mir spricht. Obwohl sie ein Mensch ist, finde ich ihre Ansichten sehr interessant. Ob sie weiß, dass ich sie verstehe, habe ich bis heute noch nicht feststellen können. Astrologin ist sie von Beruf, was auch immer das im Einzelnen sein mag. Es hat wohl irgendwie mit den Sternen zu tun, die wir jeden Abend am Himmel bewundern können. Jedenfalls erzählt mir besagte Frau, dass ich im astrologischen Sinne eine männliche Pflanze sei, was man an meinem Wuchs und den Pflanzeneigenschaften gut erkennen kann: sehr kräftige weitreichende Wurzeln (wohl wahr), zähe, starke Blätter, die leicht bitter sind und eine Menge guter Wirkstoffe enthalten, die dem Menschen gut tun. Außerdem meinte sie, mein Blütenschaft sehe einem Phallus äußerst ähnlich (da kann ich nicht mitreden, habe noch keinen gesehen). Außerdem erzählt sie mir von dem Glauben verschiedener Religionen, dass die menschliche Seele auch in einer Pflanze wiedergeboren werden kann. Ha, dann ist der Breitwegerich wohl die Reinkarnation eines Sumoringers.

℞ Man nennt mich auch
Aderblatt, Aderkraut, Heilwegerich, Rossrippe, Schafzunge, Siebenrippe, Spießkraut, Spitzfederich, Spitzwegeblatt, Wegetritt, Wundwegerich

❧ Wann und Wo

Die mehrjährige Pflanze wird zwischen fünf und fünfzig Zentimeter hoch und verfügt über tiefe Wurzeln, die bis zu sechzig Zentimeter tief wachsen können; die Blütezeit ist von Mai bis September. Fast überall auf der Welt ist der Spitzwegerich auf Wiesen, an feuchten Ufern, in Gräben und an Waldrändern anzutreffen. Seine Blätter sind, wie die des Breitwegerichs, am Boden in Rosettenform angeordnet. Mittig wächst ein kahler Stängel nach oben, an dem ein schmaler Blütenschaft sitzt.

❧ Ernten und Verarbeiten

Manche der alten Heilkundigen vertreten die Ansicht, man solle das ganze Kraut samt Wurzel verwenden. Für die meisten Anwendungsarten werden allerdings nur die Blätter benötigt. Wie viele andere Kräuter kann Spitzwegerich sowohl im frischem als auch im getrockneten Zustand verwendet werden. Eine weitere Möglichkeit ist das Einlegen in Alkohol. Zu bedenken ist, dass die in der Pflanze enthaltenen antibiotischen Stoffe durch Erhitzen größtenteils verloren gehen, nicht so jedoch die Schleimstoffe, die Kieselsäure und die Gerbstoffe.

❧ Anwendungsbeispiele

Bei Entzündungen jedweder Art, ob im Hals oder auf der Haut, bei offenen Stellen durch Wundliegen oder Diabetes wurde dieses Kraut erfolgreich eingesetzt. Spitzwegerich ist auch zur Stärkung und bei Erkältungskrankheiten, Insektenstichen und Akne angewandt worden.

❧ Für die Gesunderhaltung

Soforthilfe bei Wanderungen: Laufblasen an den Füßen lassen sich sehr effektiv und schnell mit einem Blatt des Spitz- oder Breitwegerichs heilen. Auf die betroffene Stelle legen, ein Pflaster darüber (der

Strumpf reicht natürlich auch) und schon tut die Pflanze ihre Wirkung.

Ein natürlicher Hustensaft ohne Zusatzstoffe für Kinder lässt sich rasch zubereiten, wenn man die Blätter des Spitz-oder Breitwegerichs entsaftet und diesen mit Honig mischt.

ભ Für den Genuss

Kartoffel–Wegerich–Suppe

200 g Zwiebeln hacken und mit *200 g durchwachsenem gewürfelten Speck (Dörrfleisch)* anbraten, *750 g gewürfelte Kartoffeln, 3 Zehen Knoblauch, 2 Möhren, 1 kleine Stange Lauch und 1 Bund Spitzwegerich-Blätter* fein geschnitten dazu. Alles mit *1 l Gemüsebrühe* auffüllen und 20 Minuten leicht köcheln lassen. Mit *Salz, Pfeffer, Paprika, Kümmel und Majoran* (Dost) und *1 Becher saurer Sahne* abschmecken. Wer es mag, kann die Suppe pürieren.

ભ Magie

Wer seine männlichen Eigenschaften wie Geradlinigkeit, Durchsetzungswille und Durchhaltevermögen wecken oder stärken möchte, dem sei wiederholtes Räuchern mit dem Kraut empfohlen. Ein Beutel mit getrockneten Blättern bei sich getragen, ist ebenfalls ein wirkungsvolles Mittel.

Oktober

Erntedank – Weinlese – Herbstzeit – der goldene Oktober
Hexenneujahr – Übergang zur dunklen Jahreszeit

 Baldrian • Borretsch • Königskerze • Kornblume

☌ Körperübung „Kürbisspringen"

Man nehme einen Kürbis von drei bis fünf Kilo Gewicht, lege ihn auf den Boden und überspringe ihn siebenmal mit geschlossenen Füßen, siebenmal vorwärts und auch siebenmal seitwärts. Wer sich nicht mit beiden Füßen gleichzeitig traut, kann es auch im Pferdchenschritt probieren. Danach auf den Boden setzen. Nun nehme man den Kürbis zwischen die ausgestreckten Füße (wem das zu schwer ist, der legt ihn auf die geschlossenen Beine) und hebt ihn schön langsam siebenmal an. Wem der Kürbis dabei herunterfällt, darf danach eine köstliche Suppe daraus kochen.

☌ Mentalübung „Sinnliches Abschalten"

Man sammle so viele Kastanien, dass eine große Schüssel damit gefüllt werden kann. Wer nun im Alltag das Gefühl der Überforderung hat, nehme die Schüssel mit den Kastanien, tauche zuerst seine Hände und Unterarme hinein und später auch seine nackten Füße, und das Leben fühlt sich gleich wieder spielerisch und schön an.

Baldrian
(Valeriana officinalis)

Ja, kommt nur und traut euch. Einladend, wie ich auf hohen Stielen thronend meine Blütendolden trage, nicht wahr? Hoch hinaus kann ich wachsen, so hoch, dass ich mit manch einem Menschen fast auf Augenhöhe komme. Beugt euch zu mir und nehmt einen tiefen Atemzug. Und dann – da ist er wieder, euer Blick, der mich jedes Mal aufs Neue köstlich amüsiert. Erst seht ihr mich, findet meine vielen hübschen, blass violetten Blüten ungemein attraktiv, und immer dann tut ihr es, könnt scheinbar nicht anders, weil ihr glaubt, dass eine Blüte, die so hübsch ausschaut, gleichzeitig auch angenehm duften muss. Weit gefehlt! Mein Duft ruft bei euch immer ein ungläubiges Staunen hervor. Manche schütteln sich sogar. Ihr empfindet meinen Duft als abstoßend? Dann grabt doch erst einmal meine Wurzeln aus und trocknet diese. Wenn meine Blüten euch schon zum Naserümpfen gebracht haben, dann ist das Aroma meiner Wurzeln vielleicht geeignet, euch Übelkeit zu verursachen. Ja, ich bin wie eine wichtige Lernaufgabe: stark, durchdringend und unbequem. Was ihr als unangenehm empfindet, ist für manch anderen der Duft des Paradieses. Schaut euch nur die Katzen an, wenn sie in meine Nähe kommen, wie sie sich begeistern und an mir ergötzen, sich an mir reiben und völlig aus dem Häuschen geraten. Da kann sogar eine Maus ihren Weg kreuzen, sie lassen nicht von mir ab. Na gut, Letzteres mag leicht übertrieben sein, aber ich kenne keinen Fanclub, der enthusiastischer wäre als meine schnurrenden Freunde. Gestank? Tja, für sie bin ich die duftende Erfüllung ihren kühnsten Katzenträume.

So groß der Unterschied zwischen meinem Aussehen und meinem Duft, so weitgefächert mein Wirkungsspektrum. Meine Blüten hübsch und harmlos, meine Wurzeln stark und heilkräftig. Ich bin ein Heilkraut, das klärt und alles Störende, was vom Wesentlichen ablenkt und alles, was dich verkrampfen lässt, auflöst. Was bleibt, ist eine ruhige konzentrierte Klarheit.

Dass in meinen Wurzeln der höchste Gehalt an Wirkstoffen vorhanden ist, könnt ihr als Zeichen dafür ansehen, dass ich wirklich in der Tiefe wirke und arbeite. Nicht das oberflächliches Wegstreicheln von vorgeschobenen Symptomen ist mein Anliegen. Nein, wenn ich meine Kräfte freisetze, dann sollen sie auch wirklich etwas bewegen, Grundsätzliches klären und wandeln, oder zu wahren Begeisterungsstürmen führen, ganz so wie bei meinen Mäuse fangenden Freunden.

☙ Man nennt mich auch

Katzenkraut, Mondwurzel, Stinkwurz, Dreifuß, Balderbracken, Wendwurz

☙ Wann und Wo

Die mehrjährige, ausdauernde Pflanze kann zwischen fünfzig Zentimeter und über einen Meter hoch wachsen und hat an ihren langen Stielen von Juli bis in den Oktober hinein viele kleine, rosa-violette bis weiße Blüten. Der Baldrian liebt einen leicht feuchten Boden und ist fast auf der ganzen Welt in den gemäßigten Zonen zu Hause. Man findet ihn an Waldrändern und in Auen.

☙ Ernten und Verarbeiten

Blätter und Blüten können während der Sommermonate geerntet werden, die Wurzeln, in denen die meisten Wirkstoffe enthalten sind, für die der Baldrian so berühmt ist, sollte man erst nach der Blüte im Herbst ausgraben und dann entweder frisch oder getrocknet verarbeiten. Wirkungsvoll, jedoch alles andere als schmackhaft, sind Kaltauszüge aus der Wurzel. Wer seine Geschmacksnerven nicht so quälen möchte, sollte sich eine Tinktur ansetzen.

☙ Anwendungsbeispiele

Baldrian gilt als eines der besten Kräuter gegen Prüfungsängste. Angeblich soll er nicht schläfrig machen, sondern verwandelt einen angespannten, nervösen Zustand in eine ruhige gelassene Stimmung bei gleichzeitiger Leistungssteigerung und höherer Konzentrationsfähigkeit.

☙ Für die Gesunderhaltung

Wer unter Angstzuständen und Schlafwandeln leidet oder von schlechten Träumen geplagt wird, für den nervöse Anspannung ein normaler Zustand ist, der kann eine Kur mit einem Baldrianpräparat oder mit selbst angesetzter Baldriantinktur ausprobieren. Die Einnahme sollte drei Wochen nicht überschreiten, da es zu einer Gewöhnung kommen kann, und damit wäre ja dann der Teufel mit dem Beelzebub ausgetrieben.

ℭℜ Für den Genuss

Als Genuss für den Gaumen kann man dieses Kraut wohl nicht bezeichnen, es sei denn, man wurde als Katze geboren. Wer einen Garten besitzt, kann dem Boden einen großen Dienst erweisen, wenn er dort Baldrian anpflanzt, da er für gute Lockerung sorgt und die Regenwürmer in Scharen anlockt.

ℭℜ Magie

Diese Kraut erhielt den Namen Wendwurz, da man überzeugt war, es besitze die Macht, Schlechtes in Gutes zu verwandeln und könne Schutz gegen nicht wohlgesonnene Mächte aus dem Erdreich bieten. Ist das nicht ein weiterer guter Grund, Baldrian in seinem Garten anzupflanzen?

Borretsch
(Borago officinalis)

*I*ch bin für viele sehr nützlich, auch wenn ich bei der ersten Berührung etwas rau und grob erscheine. Das liegt an den Härchen die sich an meinen Blättern und Stielen befinden. Aber meine Blütenkelche sind sehr hübsch anzuschauen, und in manchen Gärten kann man sie bis in den November hinein bewundern. Selbst kleinere Bodenfröste um die Null Grad machen mir gar nichts aus. Da muss es schon Stein und Bein frieren, um mich in die Erde zu vertreiben.

Ameisen lieben meine Samen, schleppen diese mit in ihren Bau, nehmen sich aus ihnen, was sie benötigen und tragen sie dann wieder ins Freie. Das klingt ja erst einmal nicht wirklich nett. Entführt, ausgesaugt, und was nicht mehr gebraucht wird, als Müll in die Natur zurück geworfen. Solch ein Samen-Kidnapping bietet für mich jedoch einen Riesenvorteil. Denn Mutter Natur ist bei allen Lebewesen auf Vermehrung bedacht, und ohne meine kleinen, superstarken Ameisenfreunde würde ich mich niemals an so vielen verschiedenen Plätzen ausbreiten können.

Und dann erst die Bienen und Hummeln, was haben die für einen Spaß mit mir, kommen mich in Scharen besuchen. Die Imker lieben mich scheinbar auch. Meine tollen Blüten sorgen wohl dafür, dass die fleißigen Bienchen extrem viel Honig produzieren können. Das freut mich natürlich sehr.

Einige von euch nennen mich auch Kummerkraut. Das hat mich zuerst etwas irritiert, denn ich bin alles, aber bestimmt kein kümmerliches Kraut. Dann hat mir aber eine Amsel (die sind übrigens sehr schlau und extrem gesprächig) erklärt, ich würde den Ausdruck völlig missverstehen. Die Menschen nennen sogar Ihresgleichen manchmal „Schaf" oder „Ochse", aber ich könne ihr glauben, sie schaue sich die so titulierten Personen immer genau an. Die hätten dann aber keine Hörner oder blökten herum, sähen überhaupt nicht so aus wie die genannten Tiere. Nicht ich bin kümmerlich, beruhigte mich die Amsel, sondern ich vertreibe wohl den Kummer der Menschen.

Ah, dass klingt ja gleich ganz anders. Unter diesen Umständen habe ich natürlich überhaupt nichts dagegen, von euch als Kummerkraut bezeichnet zu werden. Euch aus der Dunkelheit der trüben Gedanken wieder ans helle Tageslicht der Freude zu bringen, wird mir immer ein großes Vergnügen sein.

Da wir das nun geklärt haben, möchte ich mich an dieser Stelle von euch verabschieden, denn die Hummeln warten schon geraume Zeit darauf, mit mir zu plaudern. Es gibt wohl Neuigkeiten von der Kleewiese. Aber bevor ich mich meinen tierischen Freunden zuwende, möchte ich noch etwas klarstellen: Glaubt ja nicht denen, die euch erzählen, ich wäre ein Flüchtling, das ist eine infame Unterstellung. Seit Jahrhunderten habe ich praktisch eine offizielle Aufenthaltsgenehmigung für die freie Natur, und wer mich heute noch als Gartenflüchtling bezeichnet, nur weil meine Vorfahren vor ewigen Zeiten aus dem kultivierten in den freien Bereich umgezogen sind, der kann was erleben!

℞ Man nennt mich auch
Wohlgemutskraut, Gurkenkraut, Kummerkraut, Herzfreude

℞ Wann und Wo
Seit dem Mittelalter gibt es den Borretsch auch in Mitteleuropa. Diese behaarte, raue Schönheit stammt ursprünglich aus dem Mittelmeerraum. Sie kann zwischen vierzig und achtzig Zentimeter hoch werden mit ihren hübschen blauen Blüten, die sich zwischen Mai und September zeigen. Wohl fühlt sich die einjährige Pflanze an sonnigen Plätzen.

℞ Ernten und Verarbeiten
Aus den Samen wird Öl gewonnen, und die Blüten und Blätter lassen sich frisch und getrocknet in der Küche einsetzen.

℞ Anwendungsbeispiele
Man sagt dem Borretsch blutreinigende Wirkung nach, dass er die Stimmung aufheitert, bei rheumatischen Beschwerden helfen soll und bei Verschleimung der Atemwege Linderung verschafft.

℞ Für die Gesunderhaltung
Das wertvolle Borretschöl wird äußerlich bei Hautekzemen, Neurodermitis und Schuppenflechte, innerlich bei Arthritis angewendet.

☙ Für den Genuss

Die jungen, kleingeschnitten Blätter sind für jeden Salat eine Bereicherung – die Blüten zum Schluss obenauf ein zusätzlicher Genuss für das Auge.

„Quer durch die Wiese"-Omelette

Zuerst gehe man über Wiesen, in den eigenen Kräutergarten oder in die gut sortierte Gemüseabteilung seines Supermarktes und erbeute einen *großen Bund verschiedenster Kräuter: Borretsch, Schnittlauch, Bärlauch, Petersilie und Kerbel* und mische diese, fein gehackt, unter eine vorher zubereitete Eiermasse, die bitte nur aus *Ei, Salz und Pfeffer* besteht. Nun brate man das Omelette in erhitzter Butter. Ein paar gehackte frische Kräuter anschließend noch obenauf gestreut, fertig braten, dazu eine Schüssel Salat, ein Glas Weißwein und ein gutes Gespräch – was will der Mensch mehr? Fleisch? Na gut, sollt ihr haben.

Gegrilltes Fleisch an Kräuterpesto

Für das Pesto werden wieder *eine Menge frischer Kräuter* benötigt. Die Auswahl überlässt die Autorin den Vorlieben des eigenen Gaumens und die Menge der Größe des Küchenmixers. Diese Kräuter werden in besagtem Mixer mit viel *Olivenöl, Salz, Pfeffer* und noch mehr Liebe zu einem Pesto verarbeitet. Dann geht ihr zum Metzger eures Vertrauens, lasst euch ein paar saftige Grillsteaks einpacken, besorgt noch eine Kiste Bier, und der Abend ist gerettet.

☙ Magie

Wer schwermütig oder traurig ist, setze einen Wein mit Borretschblüten an. Drei Tage ziehen lassen und dann in kleinen Schlucken trinken. Vertreibt Trübsal und sorgt für eine wohlige Stimmung.

Königskerze
(Verbascum thapsiforme)

Majestätisch stehe ich in der Natur und bin mir meiner Wir-kung wohl bewusst. Auch ihr Menschen gabt mir meinen Namen bestimmt nicht ohne Grund. Ich nehme Raum ein und strah-le wahrlich königlich. Das Gelb meiner Blüten steht für die Sonnen-energie, die ich in mir trage. Sollte Selbstbewusstsein nicht gerade zu euren Stärken zählen, ganz gleich ob ihr dem Tier-, Pflanzen-oder Menschenreich angehört, dann schaut mich an und beobachtet mich etwas genauer, denn ihr könnt viel von mir lernen. Ich muss mich nicht neigen, beugen oder verbiegen. Groß, stark und aufrecht stehe ich da und lasse mich von Insekten umschwärmen. Eine eurer Heilerinnen aus dem Mittelalter hat mich unter anderem gegen die Schwermut eingesetzt, die auch ein wichtiger Aspekt in meinem Dasein ist. Obwohl ich so strahlend und aufrecht am Wegesrand stehe und mit meiner stattlichen Größe die meisten Pflanzen überrage, ist mein Los nicht durchgängig glücklich zu nennen. Viele andere Kräuter blühen Jahr um Jahr. Ich hingegen bilde im ersten Jahr lediglich meine Blätter aus, um dann im zweiten ein einziges Mal herrlich und prächtig zu blühen. Aber danach, adieu Welt. Der Gedanke an meine kurze Zeit hier macht mich an trüben Tagen, wenn der Nebel sich nicht lichten will, sehr traurig. Dann wird mein Pflanzengemüt schwer und melancholisch. Ich weiß, die anderen erzählen, ich sei depressiv und meine zahlreichen gelben Blüten seien nur da, um von diesem Zustand abzulenken. Lasst sie doch reden.

Mein Pflanzenbewusstsein weiß, dass es in der Natur immer um ein Miteinander, ein Geben und Nehmen geht. Wir sind alle in einem Kreislauf miteinander verbunden. Deshalb liegt es mir auch völlig fern, zu klagen und zu jammern, auch wenn ich manches bedauerlich finde. Alles ist mit allem verbunden und hat einen Sinn. Aber manchmal erschließt sich mir dieser nicht, dann denke ich lange darüber nach. Selbst ihr Zweibeiner seid in diesen Lauf der Natur eingebunden, und auch wenn ihr noch so sehr dagegen lebt, aussteigen ist nicht möglich. Euer Leben könnte wirklich in vielen Bereichen um einiges leichter sein, wenn ihr dies als Tatsache anerkennen würdet. Ich nehme meine Entwicklungs- und Wachstumsgeschichte ja auch an und habe akzeptiert, dass mein Leben hier nicht von langer Dauer ist. Aus mir wird nun mal keine tausendjährige Eiche. Und aus einem kleinen, zierlichen Mann kann auch kein zwei Meter großer Adonis werden, und bei Kindern, die täglich mit zerrissenen Hosen und aufgeschürften Knien nach Hause kommen,

sind die Chancen, dass aus ihnen stillsitzende und brave Muster-
schüler werden, eher gering. Vielleicht ist der zierliche Mann dafür
ein begnadeter Tänzer und das lebhafte Kind kann mit seiner Gabe
lebendig und wild zu sein, für Stubenhocker ein Vorbild werden.
Haltet es doch einfach mal für möglich, dass ihr so, wie ihr seid,
richtig und gut seid.

෬ Man nennt mich auch
Blitzkerze, Frauenkerze, Marienkerze, Wetterkerze, Fackelkraut

෬ Wann und Wo
Die Königskerze blüht von Juli bis Oktober. Sie fühlt sich an Wegrändern, auf Schutthalden, an Bahndämmen, kurz, überall dort in ganz
Europa wohl, wo die Sonne scheint und der Boden karg ist. Dann
wächst sie bis auf zwei Meter Höhe empor und streckt ihre haarigen,
filzigen Blätter mit den zahlreichen kleinen gelben Blüten an den langen Stängeln der Sonne entgegen.

෬ Ernten und Verarbeiten
Wer die Blüten sammelt, sollte sie frisch verarbeiten oder sehr rasch
trocknen, da sie schnell schimmeln oder schwarz werden. Für manche Anwendungen wird auch die Wurzel verwendet, ebenfalls frisch,
getrocknet oder in Alkohol eingelegt.

෬ Anwendungsbeispiele
Die Königskerze war früher ein großes Mittel, wenn es um Erkrankungen der Atemwege ging. Bei Husten, Asthma und sogar bei Tu-
berkulose wurde sie eingesetzt. Die Blätter können äußerlich bei
Brandwunden und Geschwüren aufgelegt werden. Wer sich bei einer Wanderung eine Verletzung zuzieht, kann sich mit den frischen
Blättern schnell Linderung verschaffen. Ein Öl aus den Blüten soll,

äußerlich angewendet, hilfreich bei rheumatischen Beschwerden sein.

∞ Für die Gesunderhaltung

Hustensirup

Man gebe *30 g frische Blüten* in ein Steingutgefäß und übergieße sie völlig mit *flüssigem Honig*, lasse das Ganze dann abgedeckt 6 Wochen lang ziehen, erwärme die Masse anschließend vorsichtig, seihe die Blüten ab und fülle den Sirup in Gläser. Bei Bedarf drei bis fünfmal täglich einen Teelöffel davon in heißem Wasser aufgelöst trinken.

∞ Für den Genuss

Aus den Blüten der Königskerze lassen sich dekorative Eiswürfel herstellen. Man füllt die Eiswürfelform halb mit Wasser, lässt sie anfrieren, legt die Blüte hinein, füllt die Form bis zum Rand mit Wasser auf und stellt sie wieder ins Eisfach.

∞ Magie

Wer sich ein Amulett aus der getrockneten Wurzel macht und dieses bei sich trägt, ist vor negativen Kräften und bösen Naturgeistern geschützt.

Kornblume
(Centaurea cyanus)

*I*ch bin von weitem schon zu erkennen, wenn ich mich mit dem Getreide im Wind wiege und den Tanz des Sommers tanze. Meine Blüten mit ihrem strahlenden Blau leuchten inmitten weizengelber Felder; Bienen und andere Insekten tummeln sich gerne bei mir, denn ich liefere ihnen viel Nektar.

Zum Glück stehe ich nicht alleine auf den riesigen Getreidefeldern. In meiner Nachbarschaft finden sich häufig der Klatschmohn und die Kamille. Wir verstehen uns prächtig, auch wenn der Klatschmohn leider ziemlich vergänglich ist und die Kamille sich an manchen Tagen gerne über ihre gemeine Doppelgängerin aufregt, die ihr angeblich den Rang ablaufen möchte. An solchen Tagen bin ich immer bestrebt sie zu beruhigen: „Dir kann doch in Wahrheit keiner das Wasser reichen, du bist so ein berühmtes Heilkraut. Deine Doppelgängerin erkennt man ja sofort, da sie in keinster Weise deinen Wohlgeruch verströmt", und so weiter und so fort. Meist gelingt es mir mit meinem diplomatischen Schmeichelgeschick, sie zu besänftigen. Ja, so ist das mit den lieben Pflanzenfreunden, da hat man schon mal seine liebe Not.

Vielleicht liegt es am herrlichen Blau meiner Blüten, dass ich eine ausgleichende Wirkung auf andere habe und sie sich in meiner Gesellschaft sofort entspannen. Das funktioniert bei den meisten Pflanzen, den Bienen und Schmetterlingen und so manch anderem Getier. Einzig die Krähen scheinen absolut resistent gegen meine harmonische Ausstrahlung zu sein. Dieses schwarze Federvieh steht allgemein in dem Ruf, ziemlich stumpf gegenüber allen feinen Schwingungen und Stimmungen zu sein. Laut, aufdringlich und ewig schwatzend, wie es ihrer Natur entspricht, sind sie wahrscheinlich gar nicht in der Lage, die leisen Töne ihrer Umgebung wahrzunehmen. Wer sich jedoch für den neuesten Klatsch und Tratsch interessiert, lausche nur ihrem nicht zu überhörenden Geplapper. Aber Achtung: Ihnen wird nachgesagt, dass sie Meister darin sind, wahre Geschichten in hanebüchenes Seemannsgarn umzuspinnen. Doch auch ohne die Krähen habe ich genug Beschäftigung. Da so viele Pflanzen bei mir Rat suchen und sich aussprechen möchten, ist mir der Gedanke gekommen, eine Pflanzensprechstunde einzurichten. Weiß jemand von euch, ob ich dafür eine Lizenz benötige, eine Prüfung ablegen oder jemanden bestechen muss? Obwohl mich allein der Gedanke an den ganzen Aufwand schon sehr erschöpft. Ich glaube, die Idee, in eine ruhigere Gegend zu ziehen, entspricht eher meinen Vorstellungen.

ଔ Man nennt mich auch

Blaue Kronblume, Blaumützen, Hunger, Kaiserblume, Kornmutter, Kornbeißer, Kornfresser, Kreuzblume

ଔ Wann und Wo

Die einjährige Pflanze blüht von Juni bis in den September hinein und leuchtet schon von weitem mit ihren kräftig blauen Blüten. Sie bevorzugt sonnige Standorte und ist auf Feldern und an Wegrändern in ganz Europa sowie im nahen Osten zu finden.

ଔ Ernten und Verarbeiten

Die Blüten können während der gesamten Blütezeit gesammelt werden. Damit sie ihre leuchtende Farbe behalten, sollten sie im Dunkeln getrocknet werden.

ଔ Anwendungsbeispiele

In Teemischungen ist die Kornblume ein beliebter Begleiter, da ihr einige heilende Wirkungen in Verbindung mit Menstruationsbeschwerden sowie Harn- und Verdauungsproblemen nachgesagt werden. Die Blüten sind sehr hübsch anzuschauen und werden daher auch gerne als schmückender Begleiter in Trockensträußen und -gestecken eingesetzt.

ଔ Für die Gesunderhaltung

Ein Sud, den man aus der Kornblume gewinnt, soll wundreinigende, ein Tee aus den Blüten schleimlösende Wirkung haben.

ଔ Für den Genuss

Kräutersalz

20 g getrockneter Oregano (Blüten und Blätter), *20 g getrocknete Rosmarinnadeln, 20 g getrocknete Kornblumen-Blüten* (abgezupft) und *10 g*

getrocknete Salbeiblätter werden in einem Mörser gut miteinander vermischt und mit dem Stößel zerdrückt, anschließend mit *50 g Salz* vermischt und in ein Glas umgefüllt. Dieses Gewürzsalz eignet sich für kräftige Fleischgerichte und ist in der Kombination mit Olivenöl sehr gut zum Marinieren geeignet.

○ Magie

Wer seine Individualität stärken, Stress abbauen, sich regenerieren oder das Gefühl der Frische und Freiheit in sich wecken möchte, sollte sich mit dem Blau der Kornblume umgeben, da sie genau für diese Eigenschaften steht.

November

Die Natur zieht sich zurück – Nebel – Konzentration auf das Wesentliche – gemütliches Zuhause

 Engelwurz • Blutwurz • Hagebutte • Holunder

❧ Körperübung „Ein Männlein steht im Walde"

Bei dieser simplen Übung geht es um die Konzentration auf das Wesentliche und das Gleichgewicht, ähnlich wie bei der Yoga-Asana „der Baum". Man stelle sich auf ein Bein, und im Idealfall schafft man es, die Arme nach oben zu strecken ohne umzufallen. Ob dies nun ganz klassisch yogisch gerade erfolgt, oder ob man ein Bein nach vorne bzw. zur Seite streckt, den Arm leicht angewinkelt, ist nicht wirklich wichtig. Es geht vor allem darum, sich auf das Gleichgewicht zu konzentrieren, und nicht in Gedanken Mails zu beantworten oder die Einkaufsliste durchzugehen. Nur lächeln, nicht denken und immer schön ruhig weiteratmen.

❧ Mentalübung „Kerzenritual"

An einem ruhigen Ort zündet man eine Kerze an und beobachtet die Flamme. Klingt erst einmal ziemlich einfach, nicht wahr? Aber die Herausforderung besteht darin, drei Minuten lang die Kerzenflamme anzuschauen und mit den Gedanken nur bei ihr zu bleiben.

Drei Minuten können verdammt lang sein, und es passen ungefähr drei Millionen Gedanken hinein, die nichts, wirklich rein gar nichts mit einer Kerzenflamme zu tun haben. An dieser Stelle kommt dann gerne der Spruch :„Übung macht den/die Meister/in". Also nicht aufgeben.

Engelwurz
(Angelica archangelica)

$\mathcal{E}$s stimmt, man sagt mir viele gute Eigenschaften nach. Doch Vorsicht, wer meine Wirkungsweisen ausprobieren möchte, dem gebe ich einen wichtigen Rat: Wenn ihr Anfänger auf dem Gebiet des Kräutersammelns seid, fangt doch bitte mit solch gut erkennbaren Pflanzen wie dem Löwenzahn an. Mich hingegen bestellt lieber in einer Apotheke oder einem gut sortierten Kräutershop im Internet, denn es gibt einen äußerst giftigen Doppelgänger von mir, den Wasserschierling. Sicher ist sicher.

Ich mag es schön feucht und ruhig, ein wenig im Schatten, da fühle ich mich richtig wohl. Aber leider auch der Wasserschierling. Wenn ideale Bedingungen herrschen, werde ich riesig und überrage sogar euch Menschen. Meine Blüten sind nicht auffällig, jedoch zahlreich. Alles von mir könnt ihr verwenden. Die Menschen des Nordens nutzen mich für alkoholische Getränke, Salben, als Gemüse und sogar meine Stängel haben sie kandiert und als Süßigkeit genascht. Irgendwann hat das wilde Volk mich dann auch an andere Plätze gebracht. Mir soll es recht sein. Das gilt für Pflanze oder Tier, sich zu vermehren und auszubreiten ist schließlich unsere Aufgabe.

Eines allerdings sollte euch bewusst sein: Wenn ihr mich verwendet, gehen meine Eigenschaften auf euch über. Dies trifft natürlich nicht nur auf mich zu, sondern auf alle Pflanzen und jedwede Nahrung. Kurze Erklärung gefällig? Liebe geht durch den Magen, wie es bei euch heißt. Bedeutet nichts anderes, als dass Mahlzeiten, die mit Liebe und Aufmerksamkeit zubereitet werden, auch diese Gefühle in sich aufgenommen haben. Die Liebe fließt quasi durch den Kochlöffel in den Topf und auf euren Teller. Logisch, oder?

Genauso logisch ist dann auch, dass Obst und Gemüse, das künstlich in Form gezüchtet, unter Folien gehalten und mit Kunstdünger zum Turbowachstum verdammt wird, irgendwie nicht so prima schmecken kann wie die leicht unförmigen Äpfel oder krummen Möhren aus dem eigenem Garten. All diese schlauen Theorien sind allerdings nicht auf meinem Mist gewachsen. Die habe ich beim großen weisen Holunder gehört. Der meinte auch noch, es gäbe Möglichkeiten, diese schlechten Energien aus dem hochgezüchteten Gemüse wieder umzuwandeln, solltet ihr nicht zu den Glücklichen gehören, die einen Garten ihr eigen nennen.

Aber wie genau das funktioniert, fragt ihr den Holunder besser selbst. So gut habe ich dann doch nicht aufgepasst. Er kann nämlich sehr ausschweifend und langatmig in seinen Erklärungen werden. Das macht mich dann immer ganz müde.

Engelwurz (Angelica archangelica)   197

Meine Qualitäten liegen in der Tiefe und nicht im Zuhören. Ich bringe die schlafenden Säfte zum Fließen, rege den Organismus an, wieder lebendig und kraftvoll zu arbeiten. Oh, sehe ich da ein leicht entsetztes Zurückzucken vor diesen Wörtern? Säfte zum Fließen bringen und so weiter. Wenn ja, dann bin ich wohl genau die richtige Pflanze. Oder habt ihr Angst, die Dinge, die tief in euch verborgen sind, aufzuwecken? Das wäre schade, denn genau diese Eigenschaften könnten eure Lebensqualität sehr steigern.

Es mag sein, dass Ihr dann nicht mehr so bequem für andere seid und Dinge sagt und macht, die sich so nicht gehören. Ja, wenn ihr Angst vor einem lebendigen Leben mit leidenschaftlichen Elementen und Charakterzügen habt, die bei manchen eine hochgezogene Augenbraue und bei anderen Bewunderung hervorrufen, dann solltet ihr mich wirklich meiden wie der Teufel das Weihwasser.

Ich wünsche weiterhin viel Spaß in der Komfortzone, gähn.

ᏣᏞ Man nennt mich auch
Brustwurz, Erzengelwurz, Heiligengeistwurz

ᏣᏞ Wann und Wo
Ursprünglich stammt diese Pflanze aus Nord- und Osteuropa. Die Wikinger sollen sie nach Mitteleuropa gebracht haben. Sie wird bis zu zwei Meter hoch und blüht von Juli bis September bevorzugt an feuchten Standorten wie Wiesen und Mooren. Ihre Stängel können durchaus armdick werden und enthalten einen gelblichen Milchsaft. Die Pflanze entwickelt viele kleine hellgrüne Blüten.

ᏣᏞ Ernten und Verarbeiten
Es können die jungen Blätter sowie die Stiele, Wurzeln und der Samen verwendet werden. Die Wurzeln im Frühjahr oder Herbst aus-

graben, trocknen und im Dunkeln aufbewahren. Blätter idealerweise frisch weiterverarbeiten, die Samen trocknen und rösten.

ℂℛ Anwendungsbeispiele

Durch seine überwiegend in den Wurzeln vorkommenden Bitterstoffe ist Engelwurz eine der Heilpflanzen, die die Gallentätigkeit anregen und sich auch sehr positiv auf den Magen- und Darmbereich auswirken. Appetitanregend und verdauungsfördernd sind ebenfalls Wirkungen, die ihr zugeschrieben werden. Engelwurz ist Bestandteil vieler Kräuterliköre.

ℂℛ Für die Gesunderhaltung

Engelwurzsalbe soll ganz hervorragend bei Schnupfen helfen. Besonders bei Säuglingen und Kleinkindern, von außen auf die Nasenflügel aufgetragen.

ℂℛ Für den Genuss

Engelwurz-Puffer

250 g Engelwurz-Wurzeln, 250 g Kartoffeln, 1 große Möhre reiben und mit *2 gehackten Zwiebeln, 2 Eiern, 1 TL Mehl, Salz, Pfeffer, 1 Prise Muskat* und *kleingehackter Petersilie* mischen und die Puffer mit 2 Esslöffeln in eine Pfanne geben und in Öl ausbraten.

ℂℛ Magie

Streue ein paar Engelwurzsamen über dein Essen und stelle dir dabei vor, wie die Größe, Kraft und Entschlossenheit dieser Pflanze auf dich übergeht.

Blutwurz
(Potentilla erecta)

Wurzel und Blut, was denkt ihr euch eigentlich dabei, wenn ihr Pflanzen Namen gebt? Wahrscheinlich nicht viel. Mein Ruf war ja noch nie so besonders, aber mit diesem Namen habt ihr es endgültig geschafft, dass er peinlich und merkwürdig morbide geworden ist.

Blutwurz, was assoziieren die meisten wohl damit? Richtig, Blut, blutrünstig und schon sind wir ganz schnell bei den gruseligen Bewohnern der Unterwelt. Die mitternächtlich umherwandern und bei Vollmond gerne Blut trinken. Natürlich könnt ihr behaupten, das habe damit nichts zu tun und dass ihr mir diesen Namen doch nur gegeben habt, weil euch von den vielen Eigenschaften, die ich besitze, besonders die des Blutstillens beeindruckt hat. Ha, aber erzählt das mal meiner Nachbarschaft. Meine Sozialkontakte sind so gut wie nicht mehr vorhanden und die Kräuter neben mir würden sofort einen Standortwechsel vollziehen, hielten ihre Wurzeln sie nicht davon ab. Die fürchten sich wahrscheinlich davor, dass ich bei Vollmond ihre Pflanzensäfte anzapfe, lächerlich.

Dabei sind meine Wirkstoffe nun wahrlich eher göttlich als gruselig zu nennen. In alter Zeit zählte ich zu den besten Mitteln im Kampf gegen die Pest. Mit mir wurde feinstes Leinen gefärbt, Frauen von ihren Leiden im Kindbett befreit.

Ich bin ein Sonnenkraut und besitze die Fähigkeit in meiner Wurzel zu überwintern, um dort Kräfte zu sammeln, diese mit der ersten Frühlingswärme wieder zu beleben, um dann ungebrochen meine Stärke nach außen zu bringen. Nutzt mich und ihr werdet über meine Wirkungsweise staunen. Nur Vampire verjagen oder herbeizaubern, das kann und will ich nun wirklich nicht!

⚜ Man nennt mich auch
Aufrechtes Fingerkraut, Tarpentill, Blutkraut, Bauchwehwurzen

⚜ Wann und Wo
Diese ausdauernd krautige, gelb blühende Pflanze, die bis zu dreißig Zentimeter hoch wird, blüht von Juni bis in den Oktober hinein. Sie kommt in Europa und Westasien vor, wo sie lichte Wälder, Bergwiesen und Moorwiesen bevorzugt.

⚜ Ernten und Verarbeiten
Geerntet werden vorzugsweise die Wurzeln. Diese werden fingerdick, sind außen dunkel und wenn man sie durchschneidet, weiß

man, woher der Name Blutwurz stammt. Die beste Zeit der Ernte ist das beginnende Frühjahr oder der Herbst nach der Blüte. Diese Wurzel kann frisch oder getrocknet weiterverwendet werden und ist auch als Tee, Tinktur oder für Sitzbäder geeignet.

ଔ Anwendungsbeispiele
Blutwurz wird bei Magen- und Darmbeschwerden eingesetzt, wirkt stark adstringierend und entkrampfend. Er wird für Sitzbäder ange-wandt und es gibt auch Liköre aus diesem Kraut, denen man ge-sundheitsfördernde Wirkungen nachsagt, vorausgesetzt man trinkt sie in Maßen.

ଔ Für die Gesunderhaltung

Vielseitigkeitssud
2 EL der klein gehackten getrockneten Wurzel mit einem 1/2 l kalten Wassers 15 Minuten leicht köcheln lassen, abseihen und fertig ist der Vielseitigkeitssud. Bei Magenbeschwerden kann man ihn trinken (nicht lecker), bei Popo-Problemen (z.B. Hämorriden) ein Sitzbad darin neh-men (ca. 1/4 l Sud pro Sitzbad), oder Ostereier damit färben. Nichts ist unmöglich, aber alles förderlich für das Wohlbefinden.

ଔ Für den Genuss

„Nach dem Essen"-Likörchen
50 g gehackte Blutwurz-Wurzeln werden mit 1 Flasche hochprozentigem Schnaps übergossen und an einem warmen Platz 7 Tage ziehen lassen. Die Flasche jeden Tag liebevoll schütteln. Nach dem Abseihen werden 500 g brauner Kandis zum Schnaps gegeben, nun beginnt das Warten. Nach 6 Wochen ist das Likörchen dann endlich fertig, wohl bekomm's.

ᛢ Magie

Das Blutkraut galt früher als eines der besten Mittel, um Frauen mit sehr starker Menstruation oder im Wochenbett zu helfen. Die getrocknete Wurzel bei sich tragen oder täglich ein bis zwei Tassen Blutwurz-Tee trinken, kann sich günstig auf die Blutungen auswirken und ebenso die weibliche Macht stärken und aufbauen.

Hagebutte
(Rosa canina)

„Ein Männlein steht im Walde ganz still und stumm. Es hat vor lauter Purpur ein Mäntlein um. Sag, wer mag das Männlein sein, das da steht im Wald allein, mit dem purpurroten Mäntelein?"

Nein, es ist nicht der Fliegenpilz! Das will ich hiermit doch nun ein für allemal klargestellt haben. Ich bin dieses Männlein aus dem berühmten Kinderlied von August Heinrich Hoffmann von Fallersleben aus dem Jahr 1843. Ständig glauben die Menschen, es sei der Fliegenpilz. Aber warum sollte es mich stören, wenn einige von Euch nicht einmal den Unterschied zwischen der Hagebutte und einem

Fliegenpilz in einem Lied erkennen? Obwohl, wenn ich ehrlich bin, stört es mich schon sehr. Denn allzu häufig kommt es ja nun wirklich nicht vor, dass man über uns unscheinbare Kräuter und Sträucher Gedichte und Lieder schreibt, die über viele Generationen gesungen oder aufgesagt werden.

Ein jeder kennt mich wohl, ob Groß oder Klein. Die Erwachsenen sehen in mir oft nur einen weiteren wilden Strauch, der an fast jedem Wegesrand zu finden ist. Für Kinder bin ich jedoch viel mehr als das. Ein tolles Spielzeug, mit dem man Unfug treiben kann. Sie machen sich ein großes Vergnügen daraus, mit meinen Früchten andere zu ärgern, denn ich kann dafür sorgen, dass euch das Fell ziemlich juckt, wenn ihr mit mir in Berührung kommt. Ich habe schon so manch einen in den lustigsten Verrenkungen hüpfen und springen sehen, mit den Händen hektisch in der Kleidung wühlen, in dem Versuch, meine juckenden Früchte zu finden, die ihnen ein kleiner Frechdachs in den Kragen geworfen hat. Was können die Menschen in solchen Situationen für urige Tänze aufführen und welch unflätige Worte stoßen sie dann aus. Da kann ich nur staunen.

Meine wahren Qualitäten sind jedoch ganzheitlich, besser gesagt ganzjährlich zu betrachten. Darin haben der Holunder und ich einiges gemeinsam, denn wir sind Sträucher, die rund um das Jahr Gutes und Nützliches zu bieten haben. Nicht nur, dass meine Blüten von den Insekten sehr geliebt werden, die Vögel in meinen Ästen gerne Nester bauen, den ganzen Winter über können Mensch und Tier auch meine köstlichen Früchte genießen, die sich im Herbst bilden.

Was soll ich sagen? Ich bin hübsch, nützlich, gutaussehend und nicht kleinzukriegen. Eigentlich hätte ich einen Preis verdient, oder? Die „goldene Hagebutte" für besondere Leistungen im Dienste der Natur oder so etwas in der Art.

Autsch, da haut mich doch glatt der Holunder. Na gut, da werde ich wohl lieber wieder etwas bescheidener, denn mit der magischen Nachbarschaft sollte man sich nicht anlegen.

❧ Man nennt mich auch
Heckenrose, Hundsrose, Wildrosa, Rosenbeere, Hetscherl

❧ Wann und Wo
Ab Juni findet man dieses anspruchslose, hübsch anzuschauende Gewächs, aus dessen zartrosa Blüten ab Oktober leuchtendrote, eiförmige Früchten werden, an Wegrändern und auf sonnigem Brachland. Die bis zu fünf Meter hohen Sträucher kommen in ganz Europa, Nordafrika und Mittelasien vor.

❧ Ernten und Verarbeiten
Die Blüten der Hagebutte sollten nur frisch verwendet werden. Die Früchte hingegen kann man im Herbst und über den gesamten Winter ernten. Ob nun frisch, getrocknet oder eingelegt, sie behalten ihre gesundheitsfördernde Wirkung und leuchtende Farbe.

❧ Anwendungsbeispiele
Da sie fünfmal so viel Vitamin C in sich trägt wie die Zitrone, eignet sich die Hagebutte hervorragend bei Erkältungskrankheiten und zur Stärkung der Abwehrkräfte. Man sagt ihr auch eine schmerzlindernde und entzündungshemmende Wirkung nach. Sie wirkt laut vielen Erfahrungsberichten positiv auf Nieren und Blase, und wenn man sie nicht erhitzt, soll das Pulver ein perfekter Radikalfänger und sehr wirksam bei Bindegewebsschwäche und Osteoporose sein.

❧ Für die Gesunderhaltung
Vor und während der klassischen Husten-, Schnupfen- und Heiserkeitszeit ist der regelmäßige Genuss eines Hagebuttentees eine äußerst wirkungsvolle Maßnahme. Gleichzeitig werden die Nieren gut durch gespült.

✑ Für den Genuss

Der „Männlein steht im Walde"-Kuchen
Aus *250 g Butter, 200 g Zucker, 200 g Mehl Typ 550, 250 g Mehl 1050, 6 Eiern, 1 Schuss Rum, 1 Prise Salz, 1 TL Zimt und 1 Päckchen Backpulver* wird ein Rührteig hergestellt, dem man noch *100 g gemahlene Walnüsse* und *100 g gehackte dunkle Schokolade* unterhebt. In einer runden Form ca. 60 Minuten bei mittlere Hitze, ca. 160 Grad

3 Eiweiß werden mit *50 g Zucker* sehr steif geschlagen, fast wie eine Baisermasse. Separat wird *eine Tasse Hagebuttenmark* mit dem *Saft 1 Orange* und *1 Becher Crème fraîche* cremig gerührt. Nun den Eiweißschaum vorsichtig unterheben, in Glasschälchen anrichten und mit gerösteten *Mandelsplittern* und *Pistazien* garnieren. Um das Eigelb zu verwenden, ist eine Hauptspeise mit einer Sauce hollandaise die beste Wahl. Spargel mit Salzkartoffeln und frischer Bratwurst beispielsweise.

✑ Magie
Grundsätzlich unterstützt und verstärkt die Hagebutte jedweden anderen Zauber, wirkt für sich selbst jedoch besonders bei der Liebesmagie, denn die Rose ist ja von jeher ein Zeichen der Liebe.

Holunder, schwarzer
(Sambucus nigra)

*I*m Winter kann man wahrlich kaum glauben, was so alles in mir steckt. Auch meine Schönheit liegt in dieser Jahreszeit im Verborgenen. Denn der Winter ist die Zeit des Schlafes und der Besinnung, in der Kräfte für die Herausforderungen des neuen Jahres gesammelt werden. Ich habe immer sehr viel zu tun in dieser für euch so stillen Zeit. Vielleicht wissen manche von euch noch, wer ich in Wirklichkeit bin. Nein? Ist denn nichts weitergetragen worden? Weiß denn niemand mehr von meiner Macht? Ich bin der, der durch die verschiedenen Welten und Wahrheiten schauen kann, der in die Vergangenheit und möglicherweise auch in die Zukunft sieht, der schützen und ausgleichen kann. Ich bin der mächtige Holunder!

In alter Zeit, als die Menschen noch im Einklang mit der Natur lebten, wussten sie, dass ich euch wohl gesonnen bin. Göttin Holla, so nannten die Germanen die Kraft, die in mir wohnt. Weise und gütig beschütze ich euch, lasse euch an Körper und Geist gesunden. Wenn ihr im harmonischen Miteinander der Natur lebt, diese schützt und ehrt, dabei klug und edel seid, werde ich euch reich belohnen. Denn ich habe die Macht dazu.

Leider folgte eine Zeit, da Kirchenmänner meine Fähigkeiten völlig falsch darstellten und mich mit dem Teufel und der schwarzen Magie in Verbindung brachten. Wer mich verehrte, wurde bestraft. Heute gibt es nur noch wenige, die um meine wahren Eigenschaften wissen.

Ihr habt aus meinem Holz Instrumente gebaut, meine Früchte und Blätter zu Heilzwecken verwendet, mich in die Nähe eurer Behausungen gepflanzt, da ihr wusstet, ich beschütze euch. Doch ich kann noch mehr: Wenn ihr bei einer Wanderung einmal müde werdet, dann legt euch unter meine Zweige, und vielleicht belohne ich euch mit Visionen aus dem Reich der Naturgeister.

Meine Macht ist bis heute ungebrochen. Ich wache sehr aufmerksam über die Meinen. Ich beobachte die Entwicklung von Tieren, Pflanzen und Menschen und greife gegebenenfalls regulierend ein. Ihr werdet es nie merken, wenn ich es tue, denn dieses Feingespür habt ihr leider vor langer Zeit verloren.

Außerdem trage ich dafür Sorge, dass die dunklen Mächte nicht die Kontrolle über die Natur und den Geist der Menschen erlangen. Diese Aufgabe wird in den letzten Jahren immer schwieriger, da euch die Verbindung zur Natur verloren geht. Wenn ihr verstehen würdet, wie einfach es ist, klar zu sehen, gut und richtig zu handeln, im Rhythmus der Natur zu leben und nicht mehr aus ihr herauszupressen als ihr zum Leben braucht – wenn ihr mich auf diese Art unterstützt, dann wären wir ein wirklich gutes Team.

Wie bitte? Die Hagebutte sagte, dass es bestimmt schon mal ein guter Anfang wäre, wenn ich euch erklären würde, wie ihr schlechte in gute Energie umwandeln könnt und auch, was „Liebe geht durch den Magen" eigentlich bedeutet. Also gut: Dass Gemüse, Nüsse und andere Nahrungsmittel, die in gesunder Umgebung wachsen und gedeihen, für euch Menschen besser sind als hochgezüchtetes Kunstzeug, dürfte sich ja inzwischen herumgesprochen haben. Was aber, wenn der Mensch keine Möglichkeit hat, an solches Gemüse zu kommen? Er liegt beispielsweise im Krankenhaus, ist auf Geschäftsreise und muss in Hotels essen; oder denken wir an Lehrer und Schüler, die jeden Mittag in die Mensa gehen, an Mütter, die in der Stadt wohnen, wo kein Biomarkt in der Nähe ist. Sind sie dazu verdammt, Dinge zu sich zu nehmen, die ihnen nicht guttun und energielose, saft- und kraftlose Lebensmittel zu essen? Nicht unbedingt, denn es gibt immer die Möglichkeit, seine eigenen Kräfte zu schulen. Wie das gehen soll? Kleines Beispiel, um das, was ich euch erklären möchte, zu verdeutlichen:

Ihr sitzt an einem sonnigen Tag in einer lebendigen Fußgängerzone in einem Café und möchtet in Ruhe eine Tasse heiße Schokolade trinken. Am Nebentisch sitzt ein Herr, dessen Handy ständig klingelt und der recht laut telefoniert.

Ihr könnt nun eure Kraft nutzen und euch ärgern, nervös mit den Fingern auf dem Tisch herumtrommeln, den Herrn am Nebentisch ständig mit bösen Blicken taxieren, die er selbstredend nicht wahrnimmt, und damit eure Stimmung in den Keller und den Blutdruck in bedenkliche Höhen befördern.

Ihr könnt aber auch tief durchatmen, euren Stuhl Richtung Sonne drehen, das Gesicht von ihrer Wärme umschmeicheln lassen und das bunte Treiben auf der Straße beobachten: die Straßenmusikanten, das kleine Kind, das sich am Wasserbrunnen vergnügt, die Tauben, die geschickt zwischen den Beinen der Passanten herum hüpfen und das Leben schön finden. In beiden Fällen trinkt ihr euren Kakao. Welcher Kakao bekommt euch und eurem Körper wohl besser?

Die Antwort liegt klar auf der Hand, und dabei ist es dann völlig gleichgültig, ob dieser Kakao nun aus fairem Handel stammt oder nicht. Habt ihr das nun kapiert? Es kann das teuerste Biofleisch, der fairste Kaffee und der grünste Tee sein, ihr bekommt trotzdem ein Magengeschwür und keinen Preis für den Gutmenschen der Woche, wenn ihr alles unter Stress zubereitet und während des Essens dann einen Streit über die Noten der Kinder oder die Ungerechtigkeit des Finanzamtes anfangt.

Schult eure Gedanken. Egal was ihr esst oder trinkt, und wo ihr dies tut, konzentriert euch darauf, genießt es und seid fest davon überzeugt, dass euch diese Dinge guttun. Das mag banal klingen. Wenn ihr es auch nur einen Tag von morgens bis abends durchhaltet, wisst ihr, was ich meine. Es ist gar nicht so einfach, voll und ganz bei der Sache zu sein, bei jedem Schluck und jedem Bissen des Tages. Aber genau damit trainiert ihr eure Gedanken und Gedanken gleich Energie. Und wer die Energie beherrscht, kann Berge versetzten.

‍ Man nennt mich auch
Flieder, Fliederbeere, Holder, Holler, Schwarzer Holunder, Schwarzholder, Schwitztee

‍ Wann und Wo
Der Holunderstrauch kann eine stattliche Größe von bis zu zehn Meter erreichen. Seine weißen Blütendolden zeigen sich im März und April, während sich die schwarzen Beeren, die im unreifen und ungekochten Zustand leicht giftig sind, im September/Oktober bilden.

In ganz Europa findet man den Holunder an sonnigen Orten, häufig in der Nachbarschaft der Hagebutte und des Schlehenstrauches.

ℛ Ernten und Verarbeiten

Von dem Strauch kann alles verwendet werden. Meist beschränkt man sich heutzutage jedoch auf die Blüten und die Früchte. Wurzeln und Blätter können auch zu Tees und Tinkturen verarbeitet werden. Die Blüten und Blätter werden frisch und getrocknet für vielerlei kulinarische Köstlichkeiten und bei so manchem Zipperlein benutzt.

ℛ Anwendungsbeispiele

Die Wirkungsweisen des Holunders reichen von blutreinigend, erkältungslindernd, beruhigend und fiebersenkend bis hin zu schleimlösend und schweißtreibend. In der Küche gibt es vielerlei Möglichkeiten, dieses Vitamin-C-Kraftpaket in Köstlichkeiten wie Gelees, Pfannkuchen, Liköre, Torten oder Dessertspeisen zu verwandeln.

ℛ Für die Gesunderhaltung

Dieses Rezept sei allen empfohlen, die im Frühling eine Schlankheitskur machen, dabei Blase und Nieren gut durchspülen und auch sonst alles Überschüssige aus dem Gewebe ausschwemmen möchten. Man nehme ein Stück Holunderwurzel (ein Unterfangen, das nicht ganz ungefährlich ist, wenn man bedenkt, dass in jedem Strauch ein Geist wohnen soll, der ihn bewacht), zerkleinere diese und koche sie zehn Minuten auf kleiner Flamme in Rotwein auf. Dann lässt man den Wein abkühlen und trinkt vor jeder Mahlzeit ein kleines Glas.

ભ Für den Genuss

„Holler–Spieße"

Einen Crêpeteig aus *250 g Mehl Typ 550,* ungefähr *200 ml Milch, 3 Eiern*
und *1 Prise Salz* herstellen. Diesen 1 Stunde ruhen lassen. Dann die
Crêpes in einer Pfanne dünn ausbacken, anschließend mit *Holundergelee*
bestreichen, einrollen, und schräg in 5 Zentimeter dicke Stücke schneiden. Zum Schluss die Stücke auf einen Zahnstocher aufspießen, auf eine
Platte setzen und sehr großzügig mit *Puderzucker* bestreuen.

„Süssmaul–Suppe"

200 g Holunderbeeren werden in einem *1/2 l Wasser* weichgekocht und
dann durch ein Sieb passiert. Gleichzeitig *250 g klein geschnittene Pflau-
men* in einem *1/2 l Wasser* mit *1 Prise Salz* und der geriebenen *Schale 1
unbehandelten Orange* kochen. Die Masse anschließend mit *Speisestär-
ke* binden. Nun kommt die Holundermasse dazu und die Suppe wird mit
Zucker und *Orangensaft* abgeschmeckt. Sie kann kalt oder warm genossen werden. Auch als Begleiter zu einer Schüssel Milchreis hat sich die
„Süssmaul–Suppe" bewährt.

ભ Magie

Da der Holunder eine der stärksten magischen Pflanzen in unseren
Breitengraden ist und mit der Unter- und der Geisterwelt in Verbindung steht, wird er gerne überall dort eingesetzt, wo es um den
Übergang vom Leben zum Tod geht. Dies gilt ebenso im übertragenen Sinne, etwa bei gestorbenen Beziehungen, Loslösen vom El-
ternhaus und so weiter. Auch bei Verlust, Trauer und in großen Le-
benskrisen ist alles, was man mit Holunder macht, z. B. essen, trinken, räuchern, Amulette tragen, sehr hilfreich, stärkend und unterstützend.

Dezember

besinnliche Zeit – Tiere halten Winterschlaf – feierliche Stimmung
verbreitet sich und wir können nichts dagegen tun

 Mistel • Rosskastanie • Sanddorn • Wacholder

⌘ Körperübung „Ich widerstehe"

Nein, ihr braucht keinen dritten Adventskranz, auch nicht kiloweise Weihnachtsbilligschokolade und zusätzlichen Dekokram, der verstaubt und nächstes Jahr sowieso nicht mehr in ist. Auch die fünfundzwanzigste Lichterkette ist absolut überflüssig. Egal, durch welches Geschäft ihr um diese Jahreszeit schlendert, ob in echt oder virtuell: Bei all den oben genannten und bei noch hunderttausend anderen Dingen sagt laut, klar und deutlich „Ich widerstehe und das ist auch gut so!". Gut gemacht, ich bin stolz auf euch.

⌘ Mentalübung „Ich widerstehe"

Hier wird nun das Mantra „Ich widerstehe" eingeübt. Kleiner gedanklicher Überblick, was steht an zur Vorweihnachtszeit: zweiunddreißig Weihnachtsfeiern, fünfundzwanzig Bastelnachmittage, achtzehn Backorgien, nächtelanges Kartenschreiben, hundertzehnmal nur noch eine Kleinigkeit für … besorgen?

Nun tief durchatmen und üben. In Gedanken wollt ihr gerade all diese übertriebenen Aktivitäten angehen, doch dann Stopp! Ihr haltet inne und sagt euch: „Ich widerstehe und das ist gut so" und mit diesem „Ich widerstehe" nehmt ihr den gesamten Druck aus der Situation. Sagt es noch einmal „Ich widerstehe und das ist auch gut so," atmet ruhig und tief ein und aus und lächelt. Soll doch backen, wer will.

Mistel
(Viscum album)

Was bin ich? Ihr nennt mich Schmarotzer, das klingt nicht gerade schmeichelhaft. Denn mit allergrößter Wahrscheinlichkeit bin ich die mächtigste und heilkräftigste Pflanze unter der Sonne. Das haben einige kluge Köpfe aus der Vergangenheit und durch Herumexperimentieren mit meinen Wirkstoffen schon geahnt und Erstaunliches herausgefunden. Und vielleicht sind irgendwann welche unter euch, die mein gesamtes Potenzial nutzen können. Denn das, was ihr bisher von mir wisst, ist nur ein kleiner Ausschnitt der Möglichkeiten, die ich in mir trage. Ich beobachte, wie ihr mich testet, untersucht und versucht, schlau aus mir zu werden. So wie ihr bisher vorgegangen seid, wird euch dies wahrscheinlich nicht so schnell gelingen, genauso wenig wie bei fast allen anderen Heilpflanzen. Doch schaut mich an, ich bin nicht wie die anderen: ich wachse anders, ernähre mich anders, wähle ungewöhnliche Standorte. Da müsste unter euch langsam mal einer sein, der kapiert, dass man mich auch anders behandeln und untersuchen sollte, um an meine gesamten, oder eher fast gesamten, Schätze zu kommen. Ein paar kleine Geheimnisse werde ich nicht verraten, wo bliebe denn da mein Ruf als geheimnisvolle Heil- und Zauberpflanze?

Ich bin ein Phänomen, das sich nicht an natürliche Regeln halten muss. Während andere Pflanzen sich nach der Sonne strecken und in ihre Richtung wachsen müssen, kann ich nur müde lächeln. Ich wachse nach allen Seiten, schaffe mir ein eigenes kleines Pflanzenuniversum, benötige noch nicht einmal den Kontakt mit der Erde, da ich auf Bäumen lebe, und genügsam bin ich noch dazu. Gut, diese Eigenschaft ist nicht ganz uneigennützig. Da meine Lebensdauer von der meines Wirtes abhängig ist, gehe ich sparsam mit dessen Lebenssäften um. Und jene unter uns Misteln, die das Glück haben, auf einem Baum zu wachsen, der von Natur aus eine lange Lebenserwartung hat, können Jahrhunderte alt werden. Wir sehen vieles kommen und gehen. Da wir nicht wirklich mit der Erde verbunden sind, also aus diesem sogenannten natürlichem Kreislauf zum Teil herausfallen, verfügen wir über die Möglichkeit, Informationen zu speichern und Wirkungs- und Lebensweisen in uns zu entwickeln, die ihr bis heute noch nicht entschlüsseln konntet. Ich existiere auf dieser Welt und bin doch losgelöst von ihr. Ich kann meinen Wirt aussaugen oder eine lebenslange positive Symbiose mit ihm eingehen. Ich werde euch Menschen überdauern, weiterhin hier oben in den Ästen sitzen und mich so manches Mal wundern, wenn ihr mich mit goldenen Sicheln erntet, dann wieder Göttergeschichten mit mir in der Hauptrolle erzählt und doch nicht versteht, was in Wirklichkeit in mir schlummert.

Das ist gut so, denn ich liebe es, so gesehen zu werden: geheimnisvoll, rätselhaft, stark, außergewöhnlich und nicht leicht zu erreichen. So grüße ich euch von hier oben und beobachte gespannt eure Entwicklung in den nächsten Jahrhunderten.

○♋ Man nennt mich auch

Druidenfuß, Donnerbesen, Hexenbesen, Wintergrün, Kreuzholz, Vogelmistel

○♋ Wann und Wo

Diese immergrüne Halbschmarotzer Pflanze ist weltweit verbreitet. Ganzjährig findet man sie an Laubbäumen, Tannen und Kiefern. Ihre ungewöhnliche kugelige Form, ihre starken Heilkräfte und die Eigenschaft, sich von ihrem Wirt zu ernähren, lassen und ließen immer viel Raum für Spekulationen. Es ist eine sehr langsam wachsende Pflanze, die das Alter ihres Wirtes erreichen kann; es soll Exemplare geben, die mehrere hundert Jahre alt werden. Früchte entwickeln sich erst mit fünf Jahren. Die Mistel steht in Deutschland unter Naturschutz.

○♋ Ernten und Verarbeiten

Dort, wo man sie sammeln darf, ist der günstigste Zeitpunkt der Herbst und der Winter. Die Blätter können frisch und getrocknet verarbeitet werden. Die Pharmaindustrie stellt vielerlei Medikamente aus der Mistel her, da sich ihr Einsatz in der Krebstherapie bewährt hat. Für den Hausgebrauch ist der Kaltauszug die beste Form, da sich die leicht giftigen Stoffe der Pflanze in kaltem Wasser nicht lösen.

☙ Anwendungsbeispiele

Wie bereits erwähnt, findet die Mistel vor allen in der Krebstherapie Anwendung. Bei Bluthochdruck, Herzschwäche, Arteriosklerose, rheumatischen Beschwerden, zur Regulierung der Verdauung und äußerlich bei Krampfadern und Geschwüren wird sie ebenfalls angewendet. Man sagt ihr auch eine blutstillende Wirkung nach.

☙ Für die Gesunderhaltung

Kaltauszug:
Man übergieße *1 EL des Krautes mit 250 ml kaltem Wasser* und lasse es abgedeckt 8 bis 12 Stunden ziehen. Nachdem man den Auszug abgeseiht hat, kann er vorsichtig auf Körpertemperatur erwärmt werden und ist als Umschlag bei oben genannten Beschwerden zu verwenden.

☙ Für den Genuss

Außer als Wohnungsschmuck und damit Genuss für das Auge des Betrachters kommt die Mistel nicht für die Herstellung von kulinarischen Leckereien in Frage.

☙ Magie

Die Mistel ist eine der wichtigsten und mächtigsten Zauberpflanzen der Welt. Heutzutage beschränken sich die meisten Menschen darauf, sie als Glücksbringer in ihre Wohnungen oder an die Türen zu hängen, womit sie gleichzeitig noch ihre Kraft als Liebeszauberpflanze nutzen – der berühmte Kuss unter dem Mistelzweig. Wer den Mistelzweig am Tag der Winter- oder Sommersonnenwende für Rituale benutzt, kann sich seiner starken Wirkung sicher sein.

Rosskastanie
(Aesculus hippocastanum)

*B*is zu dreihundert Jahre alt kann ich werden und gigantische Ausmaße annehmen. Bin schön im Wuchs und nützlich obendrein. Und warum bin ich dann noch nicht in aller Munde, wie diese komische Mistel?

Na, was nicht ist, kann ja noch werden. Immerhin ziere ich schon etliche Alleen bei euch Menschen, und in den Parks legt ihr euch sehr gerne in meinen Schatten. Aber meine großen Äste sind nicht nur für euch Menschen einladend. Wie vielen Vögeln und Insekten bin ich Heimat. Tausende von Bienen umschwärmen in jedem Frühjahr meine zahlreichen Blüten. Ich gebe dem Honig einen kräftigen Geschmack, und erst im Herbst, wie jauchzen da die Kinder und machen sich die Taschen voll mit meinen Früchten, um damit zu spielen und basteln.

Auch Förster wissen mich wohl zu schätzen, da ich im Winter für viele Wildtiere eine gute Futterquelle bin. Ärzte und Heiler setzen mich schon von Alters her für die Gesundheit ein. Und ich? Ich stehe da, betrachte das Geschehen um mich herum, freue mich über den Wechsel der Jahreszeiten und die Neuigkeiten, die mir die Vögel oder auch die Füchse erzählen. Die Informationen der Tiere sind schon sehr unterschiedlich. Der Fuchs hört viel von euch Menschen, ebenso wie die Eichhörnchen, die oft über euren Köpfen in meinen Ästen herum klettern. Die Vögel aber, und besonders die Schmetterlinge, haben Verbindungen zu noch anderen Wesen, die ihr Menschen nicht sehen könnt. Ihr wundert euch vielleicht so manches Mal, wenn ihr Dinge an einem völlig anderen Platz wiederfindet oder sie aus keinem erklärlichen Grund verschwunden sind. Dann verdächtigt ihr möglicherweise die Kinder, den Partner, im günstigsten Falle glaubt ihr einfach, ihr wärt schusselig. Da können wir nur schmunzeln. Ich will ja gar nicht in Abrede stellen, dass ihr zeitweilig etwas schusselig seid. Aber die Wichtel, die kleinen frechen Hausgnome und die verspielten Blumenfeen aus euren Vorgärten machen sich manchmal gerne einen Spaß mit euch und amüsieren sich dann königlich, wenn ihr mit wild suchendem Blick und vor euch hin schimpfend durch die Gegend lauft.

Seid ihr neugierig geworden und wollt noch mehr darüber hören? Dann legt euch bei nächster Gelegenheit unter meine Äste und ich werde euch gerne noch mehr berichten. Doch wenn ich dies täte, würdet ihr es mir wohl kaum glauben, und ich bezweifle auch, dass ihr meinen baumisch-kastanischen Dialekt versteht. Es gibt jedoch noch eine weitere Art, mit mir Kontakt aufzunehmen. Achtet beim nächsten Spaziergang auf die Kastanienbäume, beobachtet sie gut, besonders wenn es windstill ist. Es gibt dann welche von uns, die ihre Blätter trotzdem bewegen können. Ihr müsst schon sehr aufmerksam hinschauen. Habt ihr das Glück, einem solchen Baum zu begegnen, traut euch, geht hin, berührt ihn, denn er möchte diesen Kontakt. Legt das Ohr an seinen Stamm und lauscht ganz hingebungsvoll und konzentriert. Mit etwas Glück könnt ihr diesen Baum dann verstehen, seid in der Lage, seine Geschichten zu hören. In meinen hundertfünfzig Jahren als Kastanienbaum sind mir erst zwei Menschen begegnet, die mich verstanden haben. Einmal war es ein junger Mann, der sich sehr an den Geschichten über die Hausgnome erfreute, die gerne an Schaltern und Knöpfen spielen und so manchen Computerbesitzer in den Wahnsinn treiben können. Das zweite Mal lauschte mir eine alte Frau. Sie wusste, dass ihre Zeit auf dieser Welt nicht mehr lange währte und ich konnte sie mit Erzählungen über die andere Seite, die Zeit nach dieser hier ein wenig trösten und aufmuntern. Ja, so wenige von euch haben mich bisher verstehen können. Doch wer weiß, es mögen andere Zeiten kommen, da mehr Menschen unsere Geschichten verstehen.

☙ Man nennt mich auch
Gewöhnliche Kastanie, Gichtbaum, Kesten, Saukastanie, Pferdekastanie

☙ Wann und Wo
Ursprünglich stammt der schnell wachsende Kastanienbaum wohl aus dem Balkan. Seine Blüten entwickeln sich im Mai und die dunklen Samen, die in stacheligen Schalen versteckt sind, werden von September bis in den Oktober reif. Der Baum kann bis zu dreißig Meter hoch werden und ist bei uns in vielen Parkanlagen als Alleebaum anzutreffen.

❧ Ernten und Verarbeiten

Früher erntete man Rinde, Blüten und Samen des Baumes. Nichts davon ist wirklich genießbar für den Menschen. Getrocknet oder in Alkohol eingelegt aber werden die Blüten und Samen heute noch für gesundheitliche Zwecke verwendet.

❧ Anwendungsbeispiele

Da die Rosskastanie eine sehr gute Wirkung auf die Durchblutung der Gefäße hat, wurde sie beispielsweise bei Venenentzündungen und Krampfadern eingesetzt.

❧ Für die Gesunderhaltung

Alkoholischer Auszug

2 Hand voll Kastanienblüten werden mit mindestens 40 %-igem Alkohol übergossen, 2 Wochen ziehen lassen, dann abseihen und bei Bedarf betroffene Stellen damit einreiben. Zur Schonung der Haut sollte man vorher eine Fettcreme auftragen. Diese Einreibung wurde auch bei rheumatischen Beschwerden und Gicht empfohlen.

❧ Für den Genuss

Man sollte Kastanien weder essen noch trinken. Einzig zur Zierde können sie in verschiedenster Form verwendet werden. Kinder basteln daraus gerne Ketten oder kleine Figuren.

❧ Magie

Man nehme eine große Schüssel und fülle sie mit vielen Kastanien, tauche beide Hände hinein und lasse die Kastanien durch die Finger gleiten. Diese kleine Übung fördert die Kreativität und die Sinnlichkeit.

Sanddorn

(Hippohae rhamnoides)

*I*ch bin die „Zitrone des Nordens", eine herbe Schönheit, die Wind und Wetter zu trotzen weiß. Nette, sanfte und harmlose Gefilde sind nichts für mich. Ich möchte meine Wurzeln in kargen Boden krallen, sodass Wind und Regen kräftig durch mich hindurch fegen können. Dann fühle ich mich lebendig, das macht mich stark. Meine Dornen zeigen, wie wehrhaft ich sein kann, und doch lasse ich meine orangen Beeren den ganzen Winter über dicht an dicht an meinen Ästen hängen, sehr zur Freude vieler Vögel und anderer Tiere, die dadurch in der kalten Jahreszeit keinen Hunger leiden müssen.

Wenn ihr Menschen ebenfalls meine wertvollen Früchten ernten möchtet, müsst ihr euch erst einmal wirklich Mühe geben. Denn so ohne weiteres gebe ich sie nicht preis. Manch einer hat schon von mir abgelassen, weil ihm die Arbeit zu mühselig war. Denen sage ich: „Geht doch Äpfel und Birnen pflücken, das ist ein einfaches Unterfangen." Im Vergleich zu diesem Obst bin ich jedoch um ein Vielfaches kostbarer, denn ich enthalte Vitamine, Mineralstoffe und Öle in einer Menge und Konzentration, die dieses Obst neben mir richtig alt aussehen lässt.

Bei mir ist es in vieler Hinsicht wie in eurer Menschenwelt: Das, was spärlich vorhanden, ist einerseits wertvoll und andererseits schwierig zu erobern. Lässt sich der Mensch auf das Wagnis und die Mühen ein, mich als Beere zu ernten oder im übertragenen Sinne, eine neue Sportart oder Fremdsprache zu erlernen oder unschöne Angewohnheiten abzulegen, kurz, Zeit, Kraft, Nerven, Mühe und Schweiß in eine Sache zu investieren, um wie viel mehr wird er dies dann genießen und stolz auf die geleistete Arbeit sein.

Aber das muss Mensch natürlich nicht. Es geht auch viel einfacher. Um euch den mühsamen, stachligen Weg zu ersparen, habt ihr wohl auch die Pharmazie entwickelt: losgehen, einkaufen, einnehmen. Eigentlich ist ja auch nichts dagegen einzuwenden, wenn man es nicht übertreibt und sich gleich bei jedem Zipperlein etwas einwirft. Aber wieso mache ich mir eigentlich so viele Gedanken über euch? Wen interessieren denn meine Grübeleien überhaupt?

Eines will ich euch aber doch noch mit auf den Weg geben, dann bin auch still: Bleibt wachsam und werdet nicht zu bequem. Denn irgendjemand von euch hat einmal gesagt, Müßiggang ist aller Laster Anfang. Wer das war, weiß ich nicht mehr. Aber recht hatte derjenige. Doch nun genug geplaudert.

ભ Man nennt mich auch

Fasanenbeere, Rote Schlehe, Korallenstrauch, Seedorn, Weidendorn, Sandbeere

ભ Wann und Wo

Dieser dornige Strauch, der eine Höhe von sechs Metern erreichen kann, liebt kargen Boden, in dem er sein weitreichendes flaches Wurzelwerk ausbreiten kann. Die orangeroten Früchte sind den gesamten Winter hindurch eine Augenweide. Ursprünglich wohl aus der Mongolei stammend, ist er heute in ganz Europa, Asien und Sibirien zu finden.

ભ Ernten und Verarbeiten

Ähnlich wie die Hagebutte können die Früchte des Sanddorns einen Frost gut vertragen. Im Herbst werden die reifen Beeren unter extremen körperlichen Einsatz geerntet, der äußerst schmerzhaft sein kann, wenn man auf Handschuhe verzichtet. Ob als Tee, Mus, Gelee, Saft oder in Nahrungsergänzungsmitteln, diese Vitaminbombe kann in vielerlei Form Gutes tun. Die Beeren können getrocknet, ausgepresst, frisch verarbeitet oder erst einmal eingefroren werden.

ભ Anwendungsbeispiele

Durch seinen hohen Gehalt an Vitamin C, die vielen Mineralstoffe und das wertvolle Öl ist Sanddorn die geeignete Beere, um bei Erkältungskrankheiten eingesetzt zu werden. Aber auch bei entzündlichen Hauterkrankungen und einem schwachen Immunsystem findet sie Anwendung.

ભ Für die Gesunderhaltung

Genau das richtige Getränk im Herbst und Winter ist ein Sanddorntee, den man mit Honig süßt. Salben und Hautöle werden bei Akne,

Neurodermitis, Sonnenbrand und anderen entzündlichen Hauterkrankungen eingesetzt.

ൠ Für den Genuss

„Ich mach dich glücklich"-Kuchen

Aus *250 g Mehl Typ 550, 70 g Rohrohrzucker, 125 g Butter, 1 Ei* und *1 Prise Salz* einen Mürbeteig herstellen, der dann in einer Springform 10–15 Minuten bei 170 Grad vorgebacken wird. Anschließend mit *Sanddornmus* oder Marmelade bestreichen. Eine Mohnfüllung herstellen aus *150 g gemahlenem Mohn*, den man in *150 ml Milch* kurz aufkocht, dann *1 Ei, 1 Prise Salz* und *60–90 g Honig*, die abgeriebene *Schale 1 Orange* und ca. *30 g Semmelbrösel* dazugeben. Die Füllung auf dem Mürbeteigboden verteilen. Die abschließende Quarkmasse aus *500 g Quark, 100 g Rohrohrzucker, dem Saft 1 Orange, 3 Eigelb und 3 steif geschlagenen Eiweiß* herstellen. Auf dem Kuchen verteilen und alles bei 175 Grad 1 Stunde backen. Wenn der Kuchen zu dunkel wird, mit Backpapier abdecken.

„Halloween-Suppe"

3 *große Zwiebeln* werden mit *2 Zehen Knoblauch* in Öl angebraten, dann kommen *1- 1,5 kg gewürfelter Kürbis, 3 Äpfel, 1/2 l Gemüsebrühe, 250 ml Sanddornsaft* und *1 Becher Sahne* dazu, *klein gehackter frischer Ingwer* und *1 TL Curry*. Nun alles weichkochen, anschließend pürieren, mit Salz, Pfeffer und Curry abschmecken. Aus dem Buletten-Rezept von der Fenchelseite werden süße kleine Hackbällchen gemacht, in die Suppe gelegt, und schon ist eine deftige Speise für die Halloween-Party fertig.

ൠ Magie

Sanddorn kommt in Situationen zum Einsatz, in denen der Mensch Kräfte sammeln und seine Ressourcen schützen sollte, sich dabei jedoch auch um andere kümmern muss und möchte. Alle, die in Berufen stehen, die sich durch Aufopferung und Helfen auszeichnen, sollten Sanddorn als Tee zu sich nehmen, mit dem Gehölz räuchern oder einen Sanddornstrauch in ihren Garten pflanzen.

Wacholder
(Juniperus communis)

*L*angsam, ganz langsam wachse ich. Denn Zeit, die habe ich wirklich in ausreichendem Maße. Alt kann ich werden, sehr alt. Und nützlich bin ich, sehr nützlich. Bin in vielen Ländern der Erde zu Hause und habe sehr unterschiedliche Größen und Formen. Es gibt mich als Strauch, als zierlichen, kleinen Baum und als mächtig großen Waldbewohner, vor dem sich viele ehrfurchtsvoll verneigen. Ja, viele Gestalten und Gesichter habe ich und ebenso viele Eigenschaften. Zur Pestbekämpfung habt ihr mich benutzt, die bösen Geister ausgetrieben, den Toten den Weg auf die andere Seite mit meinem Geruch erleichtert. Eure Kranken kräftige ich, euren Körper und euren Geist reinige ich. In Kirchen wurde ich, bevor es den orientalischen Weihrauch bei euch in Mitteleuropa gab, als heiliges Räuchermittel eingesetzt. Schatullen oder andere kleine Gegenstände, die aus meinem Holz hergestellt werden, verbreiten in der Umgebung einen Wohlgeruch, der eure Sinne froh und das Herz weit macht.

Jetzt habe ich es doch getan und ein wenig von mir preisgegeben. Das ist etwas, das mir von Natur aus nicht gegeben ist. Das Plaudern meine ich. Gesetzt, ruhig und verschwiegen, so würde ich mich beschreiben. Doch mein alter Weggefährte, der gute Holunder, bat mich, euch ein wenig zu erzählen. Er meinte, nach all den Blümchenerzählungen und oft leichten Kräutergeschichten in diesem Buch sei gegen Ende einer solchen Sammlung doch etwas mit Gewicht und wahrer Präsens gefragt. Da hab ich mich dann überreden lassen.

Wenn ihr also einmal in meine Nähe kommt und dies gelesen habt, schaut mich an; vielleicht erkennt ihr mich nicht nur am Wuchs, sondern auch an meiner Ausstrahlung. Nun denn, habt keine Scheu, kommt also näher, atmet meinen Duft ein, gebt ein paar Zweige in die Glut eures Lagerfeuers oder trocknet meine Beeren auf eurem Ofen. Es wird euer Schaden nicht sein. Eine frische und warme Atmosphäre werde ich verbreiten und Altes und Verbrauchtes umwandeln.

Einige von euch haben mir sogar ein alkoholisches Denkmal gesetzt, das sich Steinhäger nennt. Trinkt ihn nach schweren Mahlzeiten und es wird euch wohl bekommen. Tut dies jedoch in Maßen, denn ein Zuviel wird meine Wirkung umkehren und dann wehe, wehe euch und eurem Kopf am nächsten Morgen.

❧ Man nennt mich auch
Feuerbaum, Kaddig, Weihrauchbaum, Heidewacholder

ભ્ Wann und Wo

Dieses immergrüne Nadelgehölz kann bei uns bis zu fünf Meter hoch wachsen. Manche Arten in China oder Amerika werden noch viel größer. Er kann bis zu achthundert Jahre alt werden. Man findet ihn auf der gesamten nördlichen Halbkugel.

ભ્ Ernten und Verarbeiten

Der Wacholder birgt eine gesamte Hausapotheke in sich. Von der Triebspitze bis zur Wurzel kann man alles von ihm verwenden. Bei uns kommen meist die Beeren und das Holz zum Einsatz, entweder in frischer oder in getrockneter Form.

ભ્ Anwendungsbeispiele

Seine Möglichkeiten sind mannigfaltig. In der Küche reichen sie vom Würzen des Wildbratens bis zum Räuchern von Schinken und Fleisch. Aber auch Spirituosen wie der Steinhäger oder Gin werden aus ihm hergestellt. Das Holz sowie die Zweige können als Räucherwerk benutzt werden.

ભ્ Für die Gesunderhaltung

Bei Nervenschmerzen, rheumatischen Beschwerden oder entzündlichen Gelenken gebe man einige Tropfen des ätherischen Öls in eine Schüssel mit Wasser, tauche ein Baumwolltuch hinein und lege es auf die betroffene Stelle, dies soll Linderung verschaffen. Dampfbäder mit Wacholder sollen eine wohltuende Wirkung haben.

❧ Für den Genuss

„Wilde Würzmischung"
Je *1 EL Wacholderbeeren, Piment, Rosmariennadeln*, je *2 EL schwarze Pfefferkörner, Dost oder Majoran*, je *1 TL Zimt* und *Kurkuma*, dazu *1 TL Nelken* und *4 Lorbeerblätter*. Alles in einem Mörser oder einer Kaffeemühle mahlen. Die Mischung wird in einem Glas mit Schraubverschluss aufbewahrt und eignet sich für alle Wildgerichte.

❧ Magie
Räuchern mit Wacholder reinigt die Umgebung von negativen Energien, löst blockierte Gefühle und wirkt allgemein ausgleichend und stärkend.

Schluss

So, da sind wir also am Ende der intimen Pflanzengeständnisse angelangt. Manch einem Kraut ist es nicht leicht gefallen, aus dem Nähkästchen zu plaudern. Andere hatten großen Spaß dabei, sich in Szene zu setzen oder den Menschen einige wohlgemeinte Ratschläge mit auf den Weg zu geben.

Sie alle sind nun wieder ganz bei sich, wachsen und gedeihen, vermehren sich oder machen sich rar. Wie die Kräuter im Buch ja auch schon erwähnten, sind sie nicht auf uns angewiesen. Wir durften sie ein Stück begleiten, wurden informiert und humorvoll unterhalten und haben bestimmt die eine oder andere Idee für die nächste Grillparty oder das kommende Familienessen erhalten. Vielleicht machen wir nun auch morgens vor dem Frühstück ein paar kleine Übungen oder haben gelernt, uns selbst nicht allzu ernst zu nehmen, und schütteln zur passenden Musik unseren heißgeliebten Speck, wer weiß?

Alles kann, nichts muss.

Ich wünsche Ihnen jedenfalls viel Freude in Ihrem Leben.

Heike Rosa Maria Gaudenti

Anhang

In verschiedenen Erzählungen der Pflanzen wurden hin und wieder heilige oder magische Kräuter in einer bestimmten Anzahl erwähnt. Diese Art von Kräuterzusammenstellungen gab es zu allen Zeiten, und sie war bestimmt von unterschiedlichen Faktoren, etwa dem Land, der Religion oder dem Zweck, dem sie dienen sollten.

Im alten England zählten zu den neun heiligen Kräutern laut Überlieferung: Beifuß, Spitzwegerich, Brunnenkresse, Kamille, Brennnessel, Apfel (kein Kraut, trotzdem so überliefert), Kerbel, Thymian und Fenchel. Der Apfel in dieser Aufzählung mag sich aus dem Sprichwort der Engländer erklären, „An Apple a day keeps the doctor away", frei übersetzt: „Wer täglich einen Apfel isst, hält sich den Arzt vom Leib."

In der katholischen Kirche werden traditionell zu Maria Himmelfahrt am 15. August Kräutersträuße oder Kränze gebunden. Sie können aus einer unterschiedlichen Anzahl von Kräutern bestehen, sieben, neun oder auch zwölf sind möglich. Johanniskraut, Thymian, Baldrian, Wermut, Beifuß, Rainfarn, Schafgarbe, Königskerze, Kamille und Eisenkraut sind die beliebtesten Kräuter.

Magische Kräuter unterscheiden sich in Sinn und Zusammenstellung kaum von den oben genannten. Ob man nun am Mittsommertag, dem 21. Juni, Johanniskraut erntet oder zur Walpurgisnacht einen Wein mit Waldmeister ansetzt, Kräuter für Räucherrituale und reinigende Bäder nutzt oder ein Essen mit entsprechender Kräuterenergie aufpeppt – die alten Engländer, die katholische Kirche und alle magisch arbeitenden Frauen und Männer dieser Welt nutzten damals wie heute die Kraft der Kräuter für sich.

Nehmt die Kräuter in euren Alltag auf, benutzt sie, experimentiert und spielt mit ihnen und entwickelt im Laufe der Zeit eure ganz eigene magische Kräuterzusammenstellung.

Altenglischer Neunkräutersegen

Erinnere dich, Beifuß, was du verkündet hast,
was du bekräftigt hast bei der großen Verkündung [...vor Gott].
„Una" [dem Urgott angehörig] heißt du, ältestes Kraut.
Du hast Macht für 3 und gegen 30,
du hast Macht gegen Gift und gegen Ansteckung [fliegendes Gift],
du hast Macht gegen das Übel, das über Land fährt.

Und du, Wegerich, der Kräuter Mutter,
nach Osten geöffnet, im Innern mächtig;
über dir knarrten Wagen, über dir weinten Frauen,
über dir schrien Bräute, über dir schnaubten Stiere.
Allen hast du widerstanden, und dich widersetzt;
ebenso widerstehe dem Gift und der Ansteckung
und dem Übel, das über Land fährt.

[Lammkresse/Schaumkraut] heißt dieses Kraut, es wuchs auf dem Stein;
es steht gegen Gift, es widersetzt sich dem Schmerz.
„Stark" heißt es, es widersetzt sich dem Gift,
es verjagt den Feind, wirft das Gift hinaus.
Dies ist das Kraut, das gegen die Schlange focht,
dies hat Macht gegen Gift, es hat Macht gegen Ansteckung,
es hat Macht gegen das Übel, das über Land fährt.

Vertreibe du nun, [Heilziest], [du] das kleinere [Kraut] das größere [Gift],
[du] das größere [Kraut] das kleinere [Gift], bis er von beiden genest.

Erinnere dich, Kamille, was du verkündet hast,
was du entgegnet hast bei Alorford [der Erschaffung];
dass niemals [jemand] durch Ansteckung das Leben verliere,
nachdem man ihm Kamille zur Speise bereitet habe.

Dies ist das Kraut, das wergulu [Nessel] heißt;
das entsandte der Seehund über dem Rücken der See
zur Hilfe gegen die Bosheit von einem anderen Gift.
Diese 9 Kräuter wirken gegen 9 Gifte.

Ein Wurm kam geschlichen, biss einen Mann.
Da nahm Wotan 9 Wunderzweige,
Schlug die Schlange, dass sie in 9 Stücke zerfiel.
Der Apfel zerstörte der Schlange Gift,
So dass sie niemals wieder in ihr Haus wollte.

Kerbel und Fenchel, zwei sehr mächtige,
diese Kräuter schuf der weise Herr,
der Heilige im Himmel, als er hing;
setzte und sandte [sie] in 7 Welten
den Armen und Reichen, allen zur Hilfe.

Es steht gegen Schmerz, widersetzt sich dem Gift,
es hat Macht gegen 3 und gegen 30,
gegen die Hand des Feindes und gegen unheilvolle Machenschaften,
und gegen Behexung gemeiner Wesen.

Rezeptregister

Quellen und weiterführende Hinweise

Brooke Elisabeth „Von Salbei, Klee und Löwenzahn" Bauer Verlag 1996
Feil, Wessinghage, Reichenauer- Feil, „Body Coach" Haug Verlag
Treben Maria „Gesundheit aus der Natur" Ennsthaler Verlag 1984
Wendelberger Dr. Elfrunde „Heilpflanzen" blv Verlag 2008
Zimmer Ute, Alfred Handel, Wilhelm Eisenreich „Tier- und Pflanzenführer" blv Verlag 1997

http://www.berg-bauerngarten.de/rezepte.htm
http://www.botanikus.de/Gift/toll.html
http://www.bunkahle.com/Aktuelles/Religion/Walpurgisnacht_Beltane.html
http://www.cannapee.ch/botaniklexikon.html
http://www.elmar-lorey.de/rheingau/kraeuterweine.htm
http://www.gifte.de/Giftpflanzen/Laien/tollkirsche.htm
http://www.giftpflanzen.com/literatur_ethnologie10.htm#Raetsch_Bie
http://www.heilkraeuter.de/lexikon/beinwell.htm
http://www.heilkraeuter.de/sammelkalender/
http://www.hexenrezepte.de/Hexkraut.HTM#Johanniskraut
http://www.kaesekessel.de/kraeuter/e/erdbeere.htm
http://www.kleingaertnerin.de/kraeuter.html
http://www.naturheilkunde-berlin.eu/kalmus.phtml
http://www.naturheilkunde-online.de/naturheilkunde/fachartikel/alchemilla.html
http://www.ololiuqui.org/drogenpflanzen/pflanzen/drogenpflanzen/pflanzen/77-atropa-belladon-na-tollkirsche
http://www.psychosezentrum.de/drogen/bilsenkraut.htm
http://www.rabenseiten.de/blumiges/zauberpflanzen.htm#gaensebl
http://www.rainbowarts.de/heilen/pfastro.htm
http://www.urtherapie.de/fuehrung/essbares%20im%20Fruehling.htm
http://www.zauber-pflanzen.de/johannis.htm
http://www.skaldenmet.com/1klass/neunkraeutersegen/htm

Also sprach der Löwenzahn

Das Kräuter- und Pflanzenkochbuch

Heike Rosa Maria Gaudenti

»Also sprach der Löwenzahn ist eine höchst
amüsante Lektüre, bei der es viel zu lernen gibt,
mit Rezepten, die Lust aufs Nachkochen machen.«
Rheinzeitung

»Ein wunderbares Kochbuch für alle die an
Rezepten zu heimischen Kräutern und Pflanzen
interessiert sind. Man merkt jeder Zeile
die Liebe zum Kochen und zur Natur an.«
Carsten Sebastian Henn

ISBN 978-3-00-051577-4 | 12,50 €